ANSELM GRÜN

Gib mir die richtigen Worte

ANSELM GRÜN

Gib mir die richtigen Worte

Glückwünsche und Segensworte für viele Gelegenheiten

Vier-Türme-Verlag

Bibliographische Information der Deutschen Nationalbibliothek

Die Deutsche Nationalbibliothek verzeichnet diese Publikation in der Deutschen Nationalbibliographie. Detaillierte bibliographische Daten sind im Internet über http://dnb.d-nb.de abrufbar.

1. Auflage 2017

Lektorat: Andreas Rode
Umschlagfoto: © Tippapatt / iStock.com
Umschlaggestaltung: wunderlichundweigand
Druck und Bindung: Finidr s.r.o., Český Těšín
ISBN 978-3-7365-0049-5

www.vier-tuerme-verlag.de

INHALT

Worte zu Lebenswenden und Lebensfesten

Worte in glücklichen Zeiten

Worte in schwierigen Zeiten

Worte zu den Festzeiten des Jahres

Vorwort

Jeder Mensch kennt in seinem Leben Augenblicke, in denen es ihm an den richtigen Worten fehlt: Zu einem Fest gratulieren und dabei etwas Inhaltliches sagen, seiner Liebe Ausdruck geben, einem Trauernden Trost spenden: So vielfältig wie das Leben, so vielfältig sind auch die Situationen, in denen es schwerfällt, das, was einen bewegt, wirklich ins Wort zu bringen.

Doch nicht nur im Umgang mit anderen Menschen ringen wir oft um Worte. Auch wenn wir mit uns selbst – oder mit Gott – in Dialog treten wollen, um für die Glückszeiten unseres Lebens zu danken oder uns den Krisen unserer Existenz zu stellen, haben wir oft Schwierigkeiten. Uns fehlen die richtigen Worte, um mit uns selbst ins Gespräch zu kommen. Und häufig fehlen uns auch die richtigen Worte, mit denen wir unsere Hoffnungen und unsere Ängste, unsere Freuden und unsere Trauer, unsere Dankbarkeit und unsere Klage vor Gott bringen können.

In diesem Buch ist eine Fülle kurzer Texte – selten mehr als eine Seite – aus der reichen spirituellen Schatzkiste, aus dem »Wortschatz« Pater Anselm Grüns versammelt. Zu den verschiedenen Lebenssituationen und Fragen, die einen Menschen umtreiben können, finden sich hier Texte ganz unterschiedlicher Natur: Meditativ-nachdenkliche Texte ebenso wie solche, die eher rational analysieren; Gebete und Segenswünsche stehen hier neben sachlich-informativen Abschnitten.

Eines aber haben all diese Texte gemeinsam: Sie wollen bei der Suche nach den richtigen Worten helfen. Sie regen, zusammen mit der Literaturliste am Ende des Buches, zum Weiterlesen, Weiterdenken an. Oder sie bieten ein Beispiel, nach dessen Vorbild eigene, ganz persönliche Gebete und Segenswünsche entstehen können. Wichtig ist dabei vor allem eines: Worte sind nur dann wertvoll, wenn sie handelnd mit Leben gefüllt werden.

Worte zu Lebenswenden und Lebensfesten

Geburt und Taufe

Segen für das Neugeborene

Guter Gott, segne dieses Kind. Halte schützend deine Hand über es, dass es seinen Weg unter deinem Segen geht. Schütze es vor allem, was es vom richtigen Weg abbringen möchte.

Segne es, damit es voll Vertrauen seinen Weg geht. Segne es, damit es klar erkennt, was sein Weg zum Leben und in die Wahrheit ist.

Segne es, dass es sich immer und überall von deinem Segen umgeben weiß, als Mensch, der einmalig und wertvoll ist, der selbst zum Segen wird für andere.

Das Vertrauen des Kindes

Das Kind, das ihr in euren Armen haltet, sucht bei euch Geborgenheit. Und ihr freut euch, wenn ihr ihm Geborgenheit schenken könnt. Es ist ein Wunder, dass da ein Mensch sich euch ganz anvertraut, dass er sich in euren Armen einfach fallen lässt, dass er einschläft in euren Armen und sich an euch schmiegt.

Selbst wieder Kind werden

Wenn ihr, liebe Eltern, euer Kind betrachtet, werdet ihr euch selbst wie in einem Spiegel erkennen. Ihr seid auch einmal so ein kleines Kind gewesen. Ihr seid auf die Liebe eurer Mutter und eures Vaters angewiesen. Ihr könnt euch vielleicht an diese Zeit nicht mehr erinnern. Aber euer Kind bringt euch in Berührung mit eurem eigenen Ursprung. Ihr seid auch einmal wie dieses Kind ein unbeschriebenes Blatt gewesen.

Lasst euch von eurem Kind dazu einladen, das eigene Leben dankbar zu betrachten. Was ist jetzt aus euch geworden? Und wem verdankt ihr, was und wer ihr geworden seid? Kommt mit eurem eigenen inneren Kind in Berührung. In euch ist auch etwas von der Ursprünglichkeit, die ihr in eurem Kind wahrnehmt. Euer Kind lädt euch ein, wieder selbst zum Kind zu werden und kindlich umzugehen mit eurem inneren Kind.

Einmalig und einzigartig

Euer Kind ist nicht festgelegt. Es wird sein eigenes Leben leben. Was wünscht ihr ihm? Wie soll der Lebensweg einmal aussehen? Welche Zukunft traut Gott eurem Kind zu? Traut eurem Kind zu, dass es das einmalige Kind wird, als das Gott es in euch und durch euch gebildet hat. Es geht nicht darum, dass ihr dem Kind eure Erwartungen überstülpt. Ihr sollt die Einmaligkeit eures Kindes betrachten. Es ist nicht nur euer Kind, sondern auch ein Geschenk von Gott. Es gehört nicht allein euch. Es gehört Gott, und es gehört sich selbst. Es will seinen eigenen Weg gehen und sein eigenes Leben leben.

Strahlende Augen

Wir wünschen dem Kind, dass aus seinen Augen immer Güte strahlen möge. Mit den Augen möge es das Schöne in der Welt sehen und sich an der Schönheit freuen. Es möge aber auch das Schöne und das Gute in jedem Menschen sehen. Seine Augen mögen nicht bewerten, sondern die Menschen sein lassen, wie sie sind. Seine Augen mögen immer strahlend sein und den Menschen, die sie anschauen, Lebendigkeit, Güte und Liebe vermitteln. Und seine Augen mögen in allen Menschen letztlich Christus erkennen als ihren wahren Grund und in aller Schöpfung Gott als das Geheimnis allen Seins.

Schritte ins Leben

Wir wünschen dem Kind, dass es in seinem Leben gute Wege gehen möge, Wege, die in immer größere Lebendigkeit, Freiheit, Frieden und Liebe hineinführen. Dein Kind möge immer auf gutem Fuß mit anderen stehen. Und es möge kraftvolle Schritte ins Leben tun, es möge auf andere zugehen, wenn sie sich allein fühlen.

Dein Kind möge stehen wie ein Baum, tief verwurzelt in der Erde und seine Krone zum Himmel entfalten. Es möge nicht umfallen, wenn jemand es umbiegen möchte. Es möge Stehvermögen zeigen wie ein Baum, der sich im Wind wiegt, ohne seinen Stand zu verlieren.

Die Taufe als Zusage der Liebe

In der Taufe hören wir das Wort, das Gott bei der Taufe Jesu zu seinem Sohn gesprochen hat: »Du bist mein geliebter Sohn. Du bist meine geliebte Tochter. An dir habe ich Wohlgefallen.«

Diese Worte sollst du dir immer wieder vorsagen. Wenn du dich selbst so liebevoll anschaust, wie Gott es tut, dann wirst du schön. Und wenn du einen anderen in Liebe anschaust, machst du ihn schön. Einen anderen so liebevoll anzuschauen ist gleichsam: ihn mit einem weißen und schönen Gewand umkleiden, damit er sich ganz und gar geliebt weiß und sich an seiner eigenen Schönheit freut. In der Taufe haben wir erfahren, dass wir von Gott bedingungslos geliebt werden.

Geheimnis des Kindes

In der Taufe feiern wir das Geheimnis des Kindes. Was macht sein Wesen aus? Wer ist dieses Kind in seiner tiefsten Wirklichkeit? Indem wir das Leben des Kindes mit dem Schicksal Jesu Christi in Berührung bringen, soll uns deutlich werden, wer dieses Kind eigentlich ist, was Leben bedeutet, wie wir es mit den Augen des Glaubens sehen können. Im Licht des Schicksals Jesu soll uns das Geheimnis des Kindes aufgehen, sollen wir erkennen, dass das Kind nicht nur irdisches Leben hat, sondern auch göttliches, dass der Tod keine Macht mehr über es hat, da es schon Anteil hat an der Auferstehung Jesu.

Die Taufkerze

Jeder Mensch ist ein Licht, ein Lichtblick für diese Welt. In der Taufe wird das dadurch ausgedrückt, dass der Priester die Taufkerze an der Osterkerze entzündet und sie dem Täufling überreicht.

Die Taufe will uns den Blick dafür öffnen, dass mit jedem Kind ein Licht aufgeht in dieser Welt. Nicht umsonst haben die Alten sich vorgestellt, dass mit jedem Menschen ein Stern aufgeht, der am nächtlichen Himmel der Menschheit leuchtet. Durch jeden Menschen möchte die Welt heller und wärmer werden. Das ist unsere tiefste Berufung, dass wir die Augen der Menschen um uns herum erleuchten und dass wir in ihre kalten Herzen etwas Wärme bringen.

Das Patenamt

Die Eltern des Kindes wählen einen Paten aus. Die Paten sollen das Kind bewusst begleiten, sollen ihm Stütze sein, ein Gesprächspartner, an den es sich immer wenden kann. Wenn die Eltern in der Kindererziehung an ihre Grenze geraten, soll der Pate da sein für das Kind, damit es sich an ihm aufrichten kann.

Geburtstag

Du bist ein Wort Gottes

Du bist ein Wort Gottes, das durch dich in dieser Welt vernommen werden will. Wenn ich dir begegne, höre ich etwas von diesem einmaligen Wort, das Gott nur durch dich zu uns spricht. Da höre ich die Botschaft, die du selbst ist. Gott segne dich, damit du dieses einmalige Wort Gottes in diese Welt hinausträgst und so zum Segen wirst für viele Menschen.

Du bist ein Jahr älter geworden. Du schaust auf das vergangene Jahr zurück. Ich wünsche dir, dass du voll Dank alles annehmen kannst, was Gott dir im vergangenen Jahr geschenkt hat, aber auch, was er dir zugemutet hat. Und ich wünsche dir, dass Gottes Segen dich befähigt, dich mit allem zu versöhnen, was im letzten Jahr war.

Schau auf das Licht, das dir auf deinem Weg geleuchtet hat. Der Segen Gottes sei für dich Licht auf deinem Weg. Du weißt, dass in dir eine Quelle der Freude ist, dass du auch andere glücklich machen kannst, dass du für andere eine Quelle des Segens bist.

Was ich dir wünsche

Ich wünsche dir an deinem Geburtstag Gottes Segen. Im Segen Gottes ist alles Gute enthalten, was ich dir wünschen mag. Segen, das sind gute Worte. Ich wünsche dir, dass du an deinem Geburtstag gute Worte hörst von den Menschen, die dir gratulieren, dass sie das Gute ansprechen, das sie in dir sehen. Ich wünsche dir, dass du selbst gute Worte über dich und dein Leben findest, dass du Gott in diesen guten Worten danken und preisen kannst für alles, was er dir geschenkt hat in deinem Leben. Ich wünsche dir auch, dass von dir Segen ausgeht, dass du gute Worte für die Menschen findest, die dir heute begegnen und die dir heute gratulieren.

Mit dem Innersten in Kontakt

Bei deiner Geburt lag die Welt noch vor dir. Es war noch nicht klar, welchen Weg du einschlagen wirst, welchen Beruf du erlernen wirst, wie du dich charakterlich entwickelst.

Wenn du an deine Geburt zurückdenkst, kannst du dir vorstellen: Wenn ich noch einmal am Anfang wäre, würde ich den gleichen Weg zurücklegen, den ich gegangen bin? Oder würde ich einen ganz anderen Weg einschlagen? Würde ich mich beruflich anders orientieren? Hätte ich manches bewusster in mir ausgebildet?

Wenn du dich an deinem Geburtstag an deine Geburt erinnerst, kannst du dir vorstellen: Auch jetzt in diesem Augenblick kann ich trotz der bisher schon gelebten Jahre neu anfangen, kann ich wieder in Berührung kommen mit diesem ursprünglichen und unverfälschten Bild Gottes in mir. Ich bin durch die Jahre nicht einfach festgelegt. Ich bin einen Weg gegangen. Ich habe mich in diese Person hinein entwickelt, die ich jetzt bin. Aber ich kann mich immer wieder an dieses ursprüngliche kleine Kind erinnern. Und indem ich mich erinnere, komme ich in Berührung mit dem Innersten in mir, das diesem ursprünglichen Bild in mir entspricht.

Blick zurück nach vorn

Was sagt mir meine Lebensgeschichte über meinen Auftrag? Was ich erlebt habe, war ja nicht zufällig. Es war meine ganz persönliche Geschichte. Und diese Geschichte möchte mir etwas sagen. Besser noch: Gott möchte mir durch meine Lebensgeschichte etwas sagen. Diese Geschichte habe nur ich erlebt. Sie gehört zu mir.

Wenn ich alle meine Erlebnisse meiner Vergangenheit an meinem Geburtstag Revue passieren lasse, dann ahne ich, dass sie alle eine Botschaft beinhalten, dass in meinem Leben ein Sinn steckt. Und ich erkenne den Auftrag, den Gott mir gegeben hat, weil er mir diese Erfahrungen geschenkt hat.

Zu diesen Erfahrungen gehören nicht nur schöne, sondern auch leidvolle Stunden. Aber gerade auch durch die leidvollen Erfahrungen kann ich erahnen, was meine Sendung ist.

Grund zum Feiern

Wenn wir einen Geburtstag feiern, dann drücken wir aus, dass unser Leben einen Sinn hat. Und wir feiern unsere Freude über unser Leben. Wir sagen Ja zu unserem Leben. Man kann Geburtstag nur feiern, wenn man sich selbst und sein Leben akzeptiert. Und zugleich fördert das Fest meine Bereitschaft, mein Leben dankbar anzunehmen und es voller Freude zu feiern.

Man feiert ein Fest nie allein, sondern immer in Gemeinschaft. So verstärkt das Fest das Miteinander, die Verbundenheit zu den Menschen, mit denen ich zusammenlebe, und mit meinen Freunden. Wir denken gemeinsam über mein Leben nach und über all die Beziehungen, die mir wichtig sind, die mich tragen.

Glückwünsche darbringen

Wir gratulieren einander zum Geburtstag. Gratulieren hängt mit dem lateinischen Wort »gratia«, das heißt »Gunst, Anmut, Dank«, zusammen. Indem wir dem Geburtstagskind gratulieren, drücken wir aus, dass es eine Gnade Gottes ist, dass dieser Mensch lebt, dass Gott uns etwas von seiner Anmut in diesem Menschen aufscheinen lässt. Und gratulieren heißt: seine Glückwünsche darbringen. Wir verbinden unsere Gratulation mit guten Wünschen.

Doch was sollen wir einem wünschen, der Geburtstag hat? Oft sind diese Wünsche sehr allgemein. Wir wünschen dem Geburtstagskind alles Gute. Aber oft denken wir gar nicht darüber nach, was wir damit meinen. Wenn wir ihm alles Gute wünschen, dann wünschen wir ihm letztlich, dass sein Leben gut verläuft, dass er sich gut fühlt, dass er Gutes im neuen Jahr empfangen wird. Letztlich wünschen wir dem anderen, dass er das sucht, was ihn wahrhaft nährt, was er zum Leben braucht, was nicht nur seinen Leib, sondern auch seine Seele nährt. Und wir sprechen im Wunsch seine Sehnsucht an, dass sein Leben gelingt, dass er auf der Gewinnerseite ist, dass ihm sein Leben glückt, seine Partnerschaft, seine Freundschaft, die Erziehung seiner Kinder, der Beruf, sein persönlicher Weg.

Wir drücken in unseren Wünschen unsere Liebe aus. Ich kann nur dem etwas wünschen, den ich gernhabe.

Jahresringe

Jeder Baum hat seine Jahresringe. Jedes Jahr ist wichtig, damit der Baum die Gestalt bekommt, die er jetzt hat. Gerade die stürmischen Jahre haben den Baum dazu bewegt, seine Wurzeln noch tiefer in die Erde zu graben.

Auch unser Leben hat seine Ringe. Jedes Jahr hat uns geprägt. Gerade in den Stürmen des Lebens haben wir unsere Wurzeln tiefer in die Erde eingegraben. Wir sind der Baum geworden, der wir jetzt sind.

Ich wünsche mir und bitte Gott darum, dass mein Baum die Menschen in meiner Nähe einlädt, unter seinem Schatten zu sitzen und sich am Leben zu erfreuen, dass ich manchmal für andere auch ein Baum sein darf, an den sie sich gerne lehnen, um auszuruhen, um sich Kraft zu holen und um mit ihren eigenen Wurzeln in Berührung zu kommen.

Und ich bitte ihn darum, dass mein Baum auch Früchte trägt, von denen sich andere nähren und an denen sie sich freuen dürfen. Ich bitte Gott, dass er seine Verheißung an mir erfüllt, die er durch den Psalmisten mir zuspricht: »Selig der Mensch, der seine Lust hat an der Weisung des Herrn, der bei Tag und bei Nacht über seine Weisung nachsinnt. Er gleicht dem Baum, der an Wasserbächen gepflanzt ist, der zur rechten Zeit seine Frucht bringt und dessen Blätter nicht welken.« (Ps 1,1–3)

Wie ich feiern möchte

Viele sind unzufrieden mit der Feier des Geburtstags. Es läuft immer gleich ab: Man gratuliert sich. Vielleicht gibt es die Lieblingstorte, vielleicht auch ein teures Essen in einem guten Lokal oder aber die üblichen Geburtstagsreden oder die oft nichtssagenden Glückwünsche.

Daher ist es gut, darüber nachzudenken, wie du deinen Geburtstag feiern möchtest. Es braucht manchmal Mut, meine persönlichen Wünsche zu äußern, wie ich meinen Geburtstag feiern möchte. Und es braucht Fantasie und Liebe, damit der Geburtstag wirklich ein Fest wird.

Wenn ich sagen kann: »Das war ein schönes Fest«, dann drücke ich aus, dass dieses Fest mich nährt, dass es uns innerlich verbunden hat, dass wir wieder ein Jahr davon leben können.

Segen zum Geburtstag

Guter Gott, segne N., der/die heute Geburtstag feiert.

Wir danken dir, dass wir ihn/sie unter uns haben dürfen.

Wir danken dir für sein/ihr Wesen, für seine/ihre Lebendigkeit und Fröhlichkeit.

Segne das neue Lebensjahr, das N. heute beginnt, dass er/sie in diesem neuen Jahr neue Fähigkeiten entwickelt und neue Wege geht, dass er/sie immer mehr hineinwächst in das Bild, das Gott sich von ihm/ihr gemacht hat.

Du hast uns in seiner/ihrer Geburt beschenkt, weil du mit ihm/ihr etwas ausdrückst, das nur durch ihn/sie ausgedrückt werden kann.

Wir danken dir, dass wir uns an ihm/ihr erfreuen dürfen. So bitten wir dich: Segne ihn/sie, damit er/sie immer mehr selbst zum Segen für andere wird.

Erstkommunion und Eucharistiefeier

Gebet für die Erstkommunionkinder

Herr Jesus Christus, heute werden viele Kinder das erste Mal zur heiligen Kommunion gehen. Ich bitte für sie, dass sie dich mit offenem Herzen empfangen und durch den Empfang deines Leibes und deines Blutes innerlich tief berührt werden, dass sie deine Liebe spüren, die sie ganz und gar durchdringt.

Gebet in Erinnerung an die eigene Erstkommunion

Ich bitte für mich und für alle Christen, die sich heute an ihre Erstkommunion erinnern. Lass uns die Kommunion heute wieder so empfangen, wie wir es als Kind getan haben: mit der Offenheit für das unaussprechliche Geheimnis, dass du eingehst in uns, dass wir eins werden dürfen mit dir, dass deine Liebe unseren Leib und unsere Seele durchströmt.

Warum wir Eucharistie feiern

Als Christen feiern wir die Eucharistie nicht zum Gedächtnis an das letzte Abendmahl Jesu, sondern zum Gedenken an alles, was Gott in Jesus Christus getan hat, wie er durch ihn zu den Menschen gesprochen, Kranke geheilt, Mutlose aufgerichtet, Sünder zur Umkehr gerufen und allen die Frohe Borschaft verkündet hat. Vor allem aber gedenken wir des Todes und der Auferstehung Jesu, in denen sich sein Tun gleichsam verdichtet hat.

Die Erzählung von den Emmausjüngern

In der Erzählung von den Emmausjüngern wird deutlich, wie der Evangelist Lukas die Eucharistie versteht. Jesus deutet den Jüngern, die aus Enttäuschung über ihre zerbrochenen Hoffnungen auf der Flucht sind, das Geheimnis ihres Lebens. Das ist ein wunderbares Bild für die Eucharistiefeier: Wir kommen in den Gottesdienst als Menschen, die oft genug auf der Flucht vor sich selbst sind, die vor den Enttäuschungen ihres Lebens davonlaufen. Da gesellt sich in den Lesungen des Wortgottesdienstes Jesus selbst zu uns und deutet uns unsere eigene Lebensgeschichte.

Im Licht der Heiligen Schrift sollen wir verstehen, warum alles so geschehen ist, wie es geschehen ist, welcher Sinn dahintersteckt und wohin unser Weg geht. Jesus möchte uns einladen, in der Eucharistie unser Leben im Licht seiner Worte und seiner befreienden und erhellenden Geschichte neu zu sehen und neu zu verstehen. Eucharistie ist Umdeutung unseres Lebens aus dem Glauben an Jesus Christus.

Wirkliches Leben

In der Eucharistie dürfen wir erfahren, was wirkliches Leben ist, ein Leben, das unsere tiefste Sehnsucht erfüllt. Ewiges Leben ist nicht in erster Linie das Leben nach dem Tod, sondern eine neue Lebensqualität, die wir hier schon erfahren dürfen. Es ist ein neuer Geschmack am Leben, der Geschmack der Liebe, der unser Leben erst wirklich lebenswert macht. Das wahre Leben, das uns im eucharistischen Brot geschenkt wird, wird durch den Tod nicht zerstört, sondern enthüllt sich im Tod als göttliches Leben, das unvergänglich ist. Die persönliche Beziehung zu Jesus, die wir in der Eucharistie erleben, überdauert den Tod.

Unsere eigene Wandlung

Wir dürfen die Wandlung der Eucharistiefeier nicht nur auf Brot und Wein beschränken. In den Gaben von Brot und Wein bringen wir die ganze Schöpfung vor Gott. Und wir bringen in der Eucharistie zum Ausdruck, dass die ganze Welt im Tiefsten schon von Christus durchdrungen ins, dass wir Christus in allen Dingen begegnen. Im Brot legen wir zugleich unseren Alltag auf den Altar, alles, was uns täglich aufreibt und zerreibt, die vielen Körner, die in uns beziehungslos nebeneinanderliegen, das Vielerlei, das uns innerlich oft zerreißt, unsere Mühe und unsere Arbeit. Das Brot ist auch Bild für unsere Lebensgeschichte. Es ist geformt aus dem Korn, das an der Ähre gewachsen ist, bei Regen und Sonne, bei Wind und Wetter. So legen wir uns im Brot auf den Altar mit all dem, was in uns gewachsen ist, und mit all dem, was nicht so geworden ist, wie wir es gerne gehabt hätten. Wir kreisen nicht um die Verletzungen unserer Lebensgeschichte, aber wir laufen auch nicht vor ihnen davon. Wir halten sie im Brot Gott hin. Er wird seinen Heiligen Geist auch über unser Leben senden und darüber sprechen: »Das ist mein Leib.« Alles, was wir Gott hinhalten, wird er in der Eucharistie in den Leib seines Sohnes verwandeln.

Das Brotbrechen

Das Brotbrechen hat mit Teilen zu tun. Teilen ist ein wichtiges Bild für die Eucharistiefeier. Eucharistie ist nicht nur die Einladung, unseren Besitz mit anderen Menschen zu teilen, den Hungernden unser Brot zu reichen. Eucharistie ist in sich schon Feier des Teilens. Wir teilen unsere Zeit und unseren Raum miteinander. Indem wir uns auf die gemeinsame Feier einlassen, auf das Singen und Beten, auf die Menschen, die mit uns Mahl halten, teilen wir mit ihnen unser Leben, unsere Sehnsüchte und Wünsche, unsere Gefühle und Bedürfnisse, unsere Ängste und Hoffnungen. Indem wir in der Eucharistie unser Leben miteinander teilen, schaffen wir Raum für Gemeinschaft und Gastfreundschaft.

Eucharistiefeier und die täglichen Mahlzeiten

Wer die Eucharistie ernst nimmt, der wird auch auf andere Weise Mahl halten. In jedem Mahl leuchtet etwas vom Geheimnis der Eucharistie auf. Was wir essen, sind Gaben Gottes an uns, durchtränkt von seinem Geist, von seiner Liebe. Daher braucht es das achtsame Essen. Jede Mahlzeit ist letztlich Feier der Liebe Gottes. Gott sorgt für uns. Er liebt uns. Wenn wir Brot bewusst langsam kauen, werden wir den guten Geschmack erst richtig wahrnehmen. Und in diesem Schmecken können wir etwas erahnen von der Liebe Gottes, die unserem Leben einen neuen Geschmack schenkt.

Gebet zur Kommunion

Herr Jesus Christus, ich danke dir für das Vermächtnis deiner Liebe, das du uns in der Eucharistie geschenkt hast.

Ich danke dir, dass du mich in jeder Eucharistie berührst mit deinen heilenden und liebenden Händen, dass du mich ganz und gar durchdringst mit deiner Liebe, dass ich eins werden darf mit dir, der sich für mich hingegeben hat.

Schenke mir ein bereites Herz, damit ich dich in mir so aufnehme, dass du alle meine Verletzungen und Kränkungen zu heilen vermagst und dass dein Wort der Liebe in mir Fleisch annimmt und mich durchlässig macht für deine Liebe.

Firmung und Konfirmation

Die Gabe des Heiligen Geistes

In der Firmung empfängt der Firmling die Gabe des Heiligen Geistes, der mit dem Bild der Taube dargestellt wird.

Auch wenn man zum Heiligen Geist vielleicht weniger eine persönliche Beziehung aufbauen kann, wie zu Jesus oder Gott, dem Vater, kann man ihn doch erfahren: als das Feuer, das einen begeistert, als die Kraft, die einen antreibt, als die Liebe, die einen erfüllt.

Bestärkung

Das deutsche Wort »Firmung« kommt von »firmare«, das »befestigen, stärken, tauglich machen, zum Stehen bringen, Stehvermögen schenken« bedeutet. Die Firmung möchte den jungen Menschen in seinem Christsein bestärken und ihm durch den Heiligen Geist Stehvermögen vermitteln, damit er in dieser Welt zu sich selbst stehen lernt, damit er seinen Standpunkt findet und in einer oft geistlosen Welt aus der Kraft des Heiligen Geistes leben kann. In der Taufe sind wir im Wasserbad des Heiligen Geistes neu geboren worden. In der Firmung werden wir in unserer neuen Existenz bestärkt, damit wir uns nicht vom Geist dieser Welt leiten lassen, sondern vom Geist Gottes. Wir erhalten Anteil an der Kraft des Geistes, damit wir der Welt keine Macht über uns geben, sondern sie nach Gottes Willen gestalten.

Firmung als Chance

Die Firmung sollte von der Kirche als Chance begriffen werden, die Jugendlichen in die Kunst des Lebens einzuführen, in die Kunst, wirklich intensiv zu leben, anstatt immer neue Kicks zu brauchen, um sich überhaupt noch zu fühlen. Aber diese Hinführung zum Leben müsste über tiefe »Erlebnisse« gehen und nicht über allzu vorsichtiges Sprechen über das Leben.

Verantwortung alltagspraktisch einüben

Als meine Nichten und Neffen gefirmt wurden, sprach meine Schwester mit ihnen darüber, was die Verantwortung, die sie in der Firmung einüben, nun für das Miteinander in der Familie bedeuten könnte. Sie übergab den Kindern am Tag ihrer Firmung den Hausschlüssel, und jeder bekam von diesem Tag an die Verantwortung für einen Bereich im Haushalt. So spürten die Kinder, dass sich mit der Firmung auch ihre Rolle daheim veränderte. Es hat wenig Sinn, wenn die Firmlinge in der Gemeinde in das Erwachsenenwerden eingeführt werden, daheim aber noch die alten Rollen weiterspielen müssen. So wäre es gut, wenn die Eltern die Firmung zum Anlass nähmen, mit ihren Söhnen und Töchtern über ihre Verantwortung für das Miteinander in der Familie zu sprechen und darüber, was jeder unter Erwachsensein und Mündigkeit versteht.

Der eigenen Berufung nachspüren

Im Sakrament der Firmung empfängt der junge Mensch den Heiligen Geist, damit er nun seine Sendung in der Welt und in der Kirche erfülle. Der Geist befähigt den Firmling, ein neues Verhalten einzuüben und neue Fähigkeiten zu entfalten. Daher gehört zur Vorbereitung auf die Firmung auch die Herausforderung, dass die jungen Menschen selbstständig Ideen entwickeln, was sie in ihrem Leben anpacken und wo sie ihr Leben selbst in die Hand nehmen könnten. Die jungen Menschen sollten ihr eigenes Charisma entdecken: Was kann ich? Was liegt mir? Wozu fühle ich mich berufen? Was ist meine Sendung?

Änderung der Blickrichtung

Die Firmung will den Blick des Jugendlichen von der Erfüllung seiner eigenen Bedürfnisse weglenken, damit er nicht immer fragt: »Was bringt es mir?« Er sollte vielmehr fragen: »Was kann ich bringen? Wozu bin ich gesandt? Welcher Auftrag wartet auf mich?«

Diese Änderung der Blickrichtung tut den jungen Menschen gut. Sie befreit sie von dem ständigen Kreisen um sich selbst und fordert sie heraus, ihre Kräfte zu entfalten und für diese eine Aufgabe einzusetzen, die sie fasziniert.

Aus der Firmung leben

Aus der Firmung leben, heißt für mich, die Wirklichkeit des Heiligen Geistes ernst zu nehmen. Wenn ich mir bei allem, was ich tue, immer wieder bewusst mache, dass da auch der Heilige Geist in mir ist, in meinem Atmen, in meinem Denken, in meinem Sprechen, in meinem Handeln, dann befreit mich das von dem Leistungsdruck, alles selbst machen zu müssen.

Gebet um den Heiligen Geist

Heiliger Geist, als die Jünger sich aus Furcht vor den Juden eingeschlossen hatten, da bist du wie ein Sturm in sie gefahren und hast sie aus ihrer Enge herausgetrieben. Und auf einmal hatten sie Mut, für Jesus und seine Auferstehung Zeugnis abzulegen.

Ich kenne diese Furcht der Jünger. Ich traue mich oft nicht, das zu sagen, was ich wirklich denke, aus Angst, die anderen könnten das komisch finden. Ich fühle mich wie blockiert, weil ich Furcht davor habe, was die anderen über mich denken könnten. Dann brauche ich dich, Heiliger Geist, damit ich nicht auf die Gedanken der anderen fixiert bleibe. Damit ich in Berührung wäre mit meinem eigenen Herzen und das sagen würde, was sich darin an Worten bildet.

Oft habe ich auch Angst, über meinen Glauben zu sprechen. Ich habe Angst, verletzt oder lächerlich gemacht zu werden. Heiliger Geist, gib mir Mut, vor anderen für mich und für meinen Glauben einzustehen. Zeige mir auch, wo es angebracht ist, mich als Christ zu bekennen, und wo ich es lieber bleiben lasse, weil es die anderen sowieso nicht verstehen würden.

Heiliger Geist, gib mir das Gefühl für das, was stimmt, damit ich stimmig lebe, damit ich das sage, was in mir ist. Lass du die Worte aus mir strömen, die auch das Herz der anderen öffnen, damit ein wirkliches Gespräch entstehen kann.

Der Heilige Geist als Glut der Liebe

Heiliger Geist, du bist den Jüngern wie Zungen von Feuer erschienen. Du bist Feuer, das uns wärmt, das uns lebendig macht. Manchmal fühle ich mich ausgebrannt und leer. Ich habe den Eindruck, da glüht in mir nichts mehr. Die Begeisterung ist verflogen. Alles in mir ist kalt und grau wie Asche. Dann sehne ich mich nach dem Feuer, das ich schon oft gespürt habe.

Wenn du in mir als Feuer bist, dann sprüht es in mir. Dann habe ich auf einmal Ideen. Dann stecke ich auch andere an. Dann ist es in mir warm und um mich herum entsteht Wärme.

Heiliger Geist, sei du in mir die Glut, die auch andere wärmt. Sei du in mir das Feuer, aus dem die Funken sprühen und das auch in anderen Leben weckt.

Heiliger Geist, du bist in mir, auch wenn ich dich nicht spüre. So will ich mir jetzt vorstellen, dass du wie eine Glut in mir bist und mein Inneres wärmst. Ich muss von Zeit zu Zeit die Tür meines Ofens schließen, damit die Glut nicht ausbrennt, sondern mich erwärmt. Dann werden vielleicht auch andere kommen, um sich an meinen Ofen zu setzen und sich daran zu wärmen. In solchen Augenblicken bin ich voller Dankbarkeit.

Heiliger Geist, lass mich dich spüren als die Glut, die uns im Innersten miteinander verbindet und Gemeinschaft stiftet.

Erwachsenwerden

Initiationsriten

Der Liedermacher Konstantin Wecker beklagte in einem Radiointerview, dass die jungen Leute heute keine Initiationsriten mehr hätten. Deshalb würden viele Hasch als Initiationsmittel nehmen. Andere würden mit dem Auto des Vaters mit 180 Stundenkilometern über die Straßen rasen. Das sind Ersatzrituale, weil wir den Jugendlichen keine angemessenen Initiationsrituale mehr anbieten. Das Interesse gerade dieser Altersgruppe an okkulten Praktiken weist auf das Defizit an echten Initiationspraktiken hin. Die Kirche müsste sich neu Gedanken machen, wie sie auf dieses Defizit angemessen antworten könnte.

Sich selbst kennenlernen

Eine andere Herausforderung wäre, sich über die eigene Identität klarzuwerden: Wer bin ich? Bin ich nur der Sohn oder die Tochter dieser Eltern? Was ist meine wahre Identität? Was ist das einmalige Bild Gottes, der sich in mir verwirklichen will? Was fühle ich? Was denke ich, wenn ich mich nicht nach den anderen richte? Was ist mein Lebenstraum? Was möchte ich mit meinem Leben ausdrücken, was möchte ich in dieser Welt bewegen?

Und es wäre wichtig, die Gefühle wahrzunehmen, die in uns auftauchen, wenn wir alleine sind. Wie gehe ich mit meiner Einsamkeit um? Bin ich nur jemand, wenn andere um mich herum sind, wenn andere mich bestätigen? Kann ich zu mir stehen, für mich einstehen? Wie steht es um mein Selbstvertrauen?

Verantwortung für sich selbst übernehmen

Zum Erwachsenwerden gehört es, dass ich mein Leben selbst verantworte. Es ist nicht entscheidend, wie ich geworden bin, was ich bin, welche Einflüsse die Eltern und Lehrer auf meine Erziehung hatten, sondern was ich daraus mache. Ich muss akzeptieren, dass ich so geworden bin, und dann Verantwortung für mein Leben übernehmen.

Die Krise der Pubertät

In der Pubertät geht es darum, die Kindheit hinter sich zu lassen und eine neue Identität als Jugendlicher zu finden. Diese Phase ist mehr als eine Rebellion gegen die Eltern. Die Jugendlichen sind verunsichert. Sie möchten sich von den Eltern lösen, brauchen aber auf der anderen Seite die Eltern als Stütze. So ist ihr Verhalten oft genug ambivalent. Sie wechseln zwischen Anlehnungsbedürfnis und schroffer Abweisung, zwischen Isolierung und Abschottung auf der einen und dem Bedürfnis, über ihre Probleme zu sprechen, auf der anderen Seite.

Der Evangelist Lukas schildert uns diese Pubertätskrise in der Szene vom zwölfjährigen Jesus im Tempel (vgl. Lk 2,41–52). Jesus hatte sich mit zwölf Jahren von den Eltern abgesetzt. Er war nicht mehr der folgsame Junge, der alles tat, was die Eltern sagten. Er blieb einfach im Tempel zurück und diskutierte mit den Schriftgelehrten. Er hörte nicht nur zu, er stellte den Lehrern vielmehr Fragen. Er ließ nicht mehr alles gelten, was ihm verkündet wurde. Er stellte es in Frage. Aber er ließ sich auch selbst fragen und gab Antworten, über die die Lehrer staunten. Seinen Eltern mutete er zu, dass sie ihn drei Tage voller Angst suchten.

Als seine Eltern ihn schließlich finden, spüren sie, dass ihr Sohn ihnen fremd geworden ist. Es ist etwas in ihm, wozu sie keinen Zugang haben. Sie können nicht mehr über ihn verfügen. Sie müssen ihn seinen Weg gehen lassen.

Lukas beschreibt aber auch einen Weg aus der Krise. Maria und Josef machen dem Kind keinen Vorwurf. Sie nehmen ihn mit nach Nazaret. Von Maria wird gesagt: Sie »bewahrte alles, was geschehen war, in ihrem Herzen« (Lk 2,51). Sie urteilt nicht, sondern nimmt alles, was sie von ihrem Sohn sieht und hört, in ihr Herz auf, um es dort anzuschauen und ihm auf den Grund zu sehen.

Den eigenen Weg gehen

Die Perikope vom zwölfjährigen Jesus, der ohne Wissen seiner Eltern, die ihn voller Angst suchen, in den Tempel geht, antwortet auf die Frage »Wer bin ich?«:

Wir sind nicht nur der Sohn, die Tochter unserer Eltern. Wir haben Gott zum Vater und zur Mutter. Wir sind auch Gottes Kind. Das macht uns innerlich unabhängig von unseren Eltern und ermöglicht es uns, den Weg zu gehen, den wir in unserem Gewissen als den richtigen erkannt haben.

Nicht nur die Eltern sprechen zu uns, sondern Gott selbst gibt uns Impulse, wie wir unser Leben leben sollen. Und wir sollen diesem inneren Impuls folgen, auch wenn unsere Eltern das nicht verstehen. Wir dürfen ihnen zumuten, dass wir einen Weg gehen, der für sie zunächst unverständlich bleibt.

Hochzeit

Die höchste Herrlichkeit

Hochzeit ist die hohe Zeit, das hohe Fest, die höchste Herrlichkeit. Seit jeher haben die Menschen gewusst, dass es eine hohe Zeit ist, wenn zwei Menschen sich so lieben, dass sie es wagen, miteinander einen Weg zu gehen. Es ist ein Fest, das die Menschen verzaubert und in ihren Alltag die Verheißung von Gottes Liebe einfließen lässt. Gott selbst bricht ein in ihr Leben mit seiner Liebe, die sein größtes Geschenk an die Menschen ist. Und er lädt andere dazu ein, damit sie mit ihm ein Fest feiern.

Einander Vertrauen schenken

Trauung kommt von trauen, einander Vertrauen schenken. Wer heiratet, traut sich dem anderen an. Er setzt Vertrauen in den anderen und in den Segen Gottes. Er traut sich selbst etwas zu, und er traut dem Partner zu, dass er treu ist.

Trauen hängt mit »treu« zusammen. Treu heißt ursprünglich »stark, fest wie ein Baum«. Wer sich traut, sich dem anderen anzuvertrauen, der hat die Hoffnung, dass die Treue, die daraus entsteht, ein fester Halt wird, an den er sich anklammern kann, der ihm Sicherheit schenkt, auf den er sich verlassen kann.

Genau wie ein Baum wächst und so immer fester wird, so muss auch das Vertrauen wachsen. Es ist noch nicht gleich zu Beginn da. Wer Trauung feiert, drückt damit aus, dass sein Vertrauen in den anderen und in den Segen Gottes stark genug ist, sich ein Leben lang an den anderen zu binden und dadurch Festigkeit und Sicherheit zu erlangen.

Heimat schaffen

»Heirat« ist aus zwei Worten zusammengesetzt: Ursprünglich heißt es »Hausbesorgung«. Das Wort »Rat« meint eigentlich die Mittel, die zum Lebensunterhalt notwendig sind. Durch die Heirat entsteht ein Heim, eine Heimat. Damit die Ehe Heimat bieten kann für die ganze Familie, braucht es den nötigen Hausrat, das, was zum Leben notwendig ist. Das sind nicht nur die äußeren Dinge, sondern auch ganz bestimmte Verhaltensweisen. Es braucht den »Rat« im heutigen Sinn, den guten Vorschlag, die rechte Weisung, wie man gut miteinander zusammenleben kann.

Das Heim, das durch die Heirat zweier Menschen zustande kommt, soll auch für andere Menschen zur Heimat werden. Wo Menschen sich lieben, entsteht ein Raum der Liebe, in dem auch andere sich geliebt wissen und sich daher daheim fühlen.

Der Liebe Struktur geben

Das Wort »Ehe« heißt im Westgermanischen ursprünglich »Recht, Gesetz«. Offensichtlich ist die Ehe eine wichtige Institution des sozialen Lebens. Sie ist nicht nur etwas Emotionales, sondern hat auch eine ganz bestimmte Struktur, die den Ehepartnern helfen soll, richtig zu leben. Der Vertrag ist öffentlich. Es ist offenbar ein Bedürfnis von Menschen, die sich lieben, dass sie ihre Liebe auch öffentlich zeigen können. Und der Vertrag bindet die Eheleute aneinander.

Authentisch sein

Das Bedürfnis nach Zugehörigkeit – so sagen die Soziologen – bewegt die Menschen heute stärker als in früheren Zeiten. Das Gefühl von Zugehörigkeit gibt dem Menschen Sicherheit und Halt.

Das Wort »Ehe« hängt auch mit »echt« zusammen. Es geht darum, »echt« und authentisch zu leben. Die Ehe wird nur gelingen, wenn die Partner echt zueinander sind, wenn sie sich gegenseitig nichts vormachen, wenn sie ihre Zugehörigkeit echt leben.

Die Verbindung von »Ehe« und »echt« weist auch darauf hin, dass die Ehe dem Wesen des Menschen entspricht, der von Gott als Mann und Frau geschaffen wurde.

Ein vollkommenes Band

In Hochzeitsanzeigen heißt es oft: N. und N. schließen den Bund der Ehe.

Sie binden sich aneinander. aber ihr gegenseitiges Band soll nicht zur Fessel werden. Es soll vielmehr zusammenbinden, was in uns immer wieder zu zerreißen droht. Jeder Mensch spürt in sich auch Zerrissenheit. Die Gefühle möchten ihn zerreißen, die verschiedenen Pflichten und Aufgaben reißen ihn auseinander. Da braucht es ein Band, das das Vielerlei zusammenhält. Die Bibel spricht davon, dass die Liebe ein vollkommenes Band ist, das den Menschen zu einer Einheit bindet. Sich an einen anderen Menschen zu binden, ist Ausdruck der bedingungslosen Liebe zu ihm und des Vertrauens, dass diese Bindung beiden guttut, sie lebendig hält und die innere Spaltung in ihnen überwindet.

In der Ehe Christus begegnen

Sakrament der Ehe bedeutet, dass Christus die Liebe zweier Menschen, die immer auch brüchig und gefährdet ist durch Besitzansprüche, Projektionen und Missverständnisse, heil macht und ganz. Und es heißt, dass die Ehe für die Kirche ein wichtiger Ort der Christusbegegnung ist. In der Liebe zueinander können die Eheleute erahnen, was die Liebe Christi zu ihnen konkret bedeutet. In der ehelichen Liebe wachsen sie immer mehr in das Geheimnis der Liebe Christi hinein, die sich in seiner Hingabe am Kreuz vollendet. Im täglichen Versuch, einander zu lieben, erahnen sie, was Jesu Wort im Tiefsten bedeutet: »Es gibt keine größere Liebe, als wenn einer sein Leben für seine Freunde hingibt« (Joh 15,13).

Gemeinsam auf dem Weg

Die Liebe ist die Verheißung, dass wir bei aller Undurchschaubarkeit des Lebens gemeinsam einen Weg gehen können. Und weil wir ihn gemeinsam gehen, ist dieser Weg in dieser unruhigen Welt eine Oase des Friedens, des Sinns, der Hoffnung, des Vertrauens und der Liebe.

Ein Leben lang

Gemeinsam alt werden kann ich nur, wenn ich das Vertrauen habe, dass wir uns auf unserem Weg nicht auf die Nerven gehen, uns nicht gegenseitig behindern, langweilen oder lähmen, sondern dass wir uns stützen. Denn alles, was von außen oder auch von innen – aus unserer Seele – auf uns zukommt, das nehmen wir als Herausforderung an, gemeinsam daran zu wachsen. Das wird unsere Liebe vertiefen. Und unsere Liebe wird uns in Höhen und Tiefen unseres Menschseins hineinführen, die wir allein nicht erreichen würden.

Mach dir kein Bild

Je näher ich dem anderen in der Liebe komme, desto mehr lösen sich alle Bilder auf, die ich mir von ihm gemacht habe. Ich liebe ihn in seinem Geheimnis. Letztlich kann ich den anderen gar nicht genau beschreiben. Ich kenne ihn, aber das, was ich kenne, kann ich nicht rein äußerlich fassen. Ich kenne sein Herz. Und sein Herz ist unbeschreiblich. In ihm begegne ich der Person. Und so wie das Alte Testament den Menschen das Verbot auferlegt, uns von Gott ein Bildnis zu machen, so gilt das auch für den Menschen – vor allem für den, den ich liebe. Ich darf mir kein Bildnis von ihm machen. Je mehr ich mich von meinen Bildern befreie, die ich trotz allem in mir trage, desto näher komme ich ihm, desto mehr werden wir miteinander eins.

Ruheloses Glück

Die Liebe krönt das Leben. Ohne Liebe ist das Leben wertlos. Die Liebe schmückt das Leben, sie gibt ihm Schönheit und Würde. Aber sie ist auch ruhelos. Sie treibt uns immer weiter: durch Höhen und Tiefen, durch beglückende und schmerzliche Augenblicke, durch Sonnenschein und Regen.

Nur wer Ja sagt zu dieser rastlosen Liebe, kann in seinem Leben die Freude erfahren, die ihm die Liebe schenkt. Und er wird auf dem Weg der Liebe immer wieder die Erfahrung des Glücks machen. Aber dieses Glück kann man nicht festhalten. Es ist ein Glück ohne Ruhe.

Der Verheißung trauen

»Die Liebe ist langmütig, die Liebe ist gütig. Sie ereifert sich nicht, sie prahlt nicht, sie bläht sich nicht auf.

Sie handelt nicht ungehörig, sucht nicht ihren Vorteil, lässt sich nicht zum Zorn reizen, trägt das Böse nicht nach. Sie freut sich nicht über das Unrecht, sondern freut sich an der Wahrheit. Sie erträgt alles, glaubt alles, hofft alles, hält allem stand. Die Liebe hört niemals auf« (1 Kor 13,4–8).

Es ist gut, wenn man sich in Ehe und Partnerschaft auf den Weg der Liebe macht, diesen Verheißungen des Paulus zu trauen. Wenn wir der Macht der Liebe vertrauen, dann wird unser Leben anders, dann wird unsere gemeinsame Liebe gelingen. Wir dürfen darauf hoffen, dass in uns eine Quelle der Liebe ist, die nie versiegt, weil sie göttlich ist. Und aus dieser Liebe heraus werden wir immer schöpfen können – auch dann, wenn unsere Gefühle von Liebe zu versiegen drohen oder am Ende sind.

Die Liebe als Mittlerin

In den Küssen des Geliebten dringt Gottes Kuss selbst an meinen Mund. In den Worten der geliebten Frau spricht Gott selbst mich an.

Wenn die irdische Liebe aufblüht, die leidenschaftliche und sexuelle Liebe, dann ist sie zugleich »Pfand für eine Welt des Geistes und der Güte«. Das meint: Die sexuelle Liebe vermittelt die zärtliche und leidenschaftliche Liebe Gottes, der mit uns Menschen eins werden möchte.

Die Ekstase, die ich in der Liebe des anderen erlebe, mündet ein in die Ekstase in Gott. In der Liebe zwischen Mann und Frau werden wir offen für die unbegreifliche Liebe Gottes. Wir erleben unsere menschliche Liebe erst in ihrer wahren Tiefe, wenn wir in ihr Gottes Liebe berühren, wenn wir in ihr spüren, wie gut es Gott mit uns meint. Gott hat uns die menschliche Liebe geschenkt, damit wir seine unendliche göttliche Liebe mit allen Sinnen spüren und an sie glauben können.

Einander Freiraum lassen

Jeder Baum braucht auch einen Freiraum, damit er sich entfalten kann. So sind die Eheleute wie zwei Bäume, die emporwachsen und ihre eigene Schönheit entfalten. Aber sie stehen unter dem gleichen Himmel. Und sie freuen sich aneinander. Sie stehen nicht in Konkurrenz, sondern sie stehen nebeneinander, um miteinander zu wachsen und sich gemeinsam zum Himmel hin zu öffnen.

Die Liebe will uns nicht einengen, sondern gerade in der Bindung den Raum schenken, in dem wir wachsen können. Für das Wachsen braucht jeder seinen eigenen Raum. Aber er braucht auch die Berührung des anderen, er braucht die Liebe, die gleichsam den Boden düngt, damit der Baum wachsen kann. Ohne Liebe wachsen die Bäume nicht. Und die Liebe sehnt sich immer wieder nach Umarmung. Umarmen und sich frei lassen, davon lebt die Liebe. Das schafft den Raum, in dem die Liebenden wachsen können.

Im eigenen Rhythmus

In der Liebe steckt die Sehnsucht, alles mit dem Geliebten zu teilen, im gleichen Rhythmus mit ihm zu leben: zusammen aufzustehen, über die gleichen Vögel zu lachen und miteinander hungrig zu sein und miteinander zu essen …

Doch zugleich braucht jeder in der Liebe auch seinen je eigenen Rhythmus. Die Spannung der verschiedenen Wünsche beider Partner hält die Liebe lebendig. Wenn wir alles gemeinsam machen, wird das gemeinsame Leben bald »zum Trott«.

Umgekehrt: Wenn ich lieben möchte, während der andere beispielsweise gerade in sein Buch vertieft ist, dann kann das zum Konflikt führen. Aus dieser Differenz kann sich aber auch eine gesunde Spannung ergeben, die die Liebe lebendig hält.

Das ist das Geheimnis der Liebe: mit dem anderen zu sein und manchmal auch gegen ihn, ohne ihn, für sich. Aber dieses »gegen ihn« darf nie absolut werden. Es wird vielmehr immer wieder zu einem »für ihn da sein«. Aber dieses »für« löst den Liebenden nicht auf. Ich kann nur für den anderen da sein, wenn ich auch ganz für mich da bin, wenn ich mit mir und bei mir bin.

Die Unauflöslichkeit der Ehe

»Was aber Gott verbunden hat, das darf der Mensch nicht trennen« (Mt 19,6). Diese Feststellung Jesu macht heute vielen Angst, die eine Ehe schließen wollen. Die Unauflöslichkeit der Ehe scheint ihnen etwas Absolutes zu sein. Wer sich auf dic Ehe einlässt, verspricht zwar dem Partner, für immer bei ihm zu bleiben. Aber zugleich weiß er, dass er für diese ewige Treue nicht garantieren kann. Er befürchtet, dass sich die Partner voneinander weg entwickeln könnten oder dass bisher unbekannte psychische Probleme zutage treten, die ein Zusammenbleiben unmöglich machen. Für Jesus entspricht die Unauflöslichkeit der Ehe dem ursprünglichen Willen Gottes und damit auch dem Wesen der ehelichen Beziehung zwischen Mann und Frau.

Aber zugleich weiß Jesus, dass der Mensch dieses Ideal nicht immer zu erfüllen vermag. Deshalb rechnet er auch mit Ausnahmen, wie er sie in der Unzuchtsklausel im Matthäusevangelium (19,9) benennt. Sich an den anderen zu binden, darf nicht unter dem Vorbehalt stehen, wieder auseinanderzugehen, sobald es Schwierigkeiten gibt. Aber zugleich soll der Ehewillige wissen, dass er für seine eigene Treue nicht garantieren muss. Er kann sich an den anderen nur binden im Vertrauen, dass Gott diese Ehe segnen werde und dass er die beiden Partner dazu befähigen werde, einander treu zu bleiben. Die Ehe entspringt eben nicht nur dem menschlichen Willen, sondern verweist als Sakrament auf die Gnade Gottes, aus der allein ein Miteinander auf Dauer möglich wird.

Die Hochzeit zu Kana

Der Evangelist Johannes entfaltet die Ehetheologie Jesu in seiner Erzählung von der Hochzeit in Kana (Joh 2,1–12). Es ist eine symbolische Geschichte. In ihr will er zum Ausdruck bringen, dass eine enge Verbindung zwischen der Menschwerdung Gottes in Jesus und der Hochzeit zwischen Mann und Frau besteht.

Wenn Gott Mensch wird, dann feiert er Hochzeit mit den Menschen, dann wird er genauso eins mit ihnen wie Mann und Frau in der Ehe. Durch die Menschwerdung verbindet sich Gott in ehelicher Liebe mit uns. Das verwandelt unser Leben. Unser Leben ist dann nicht mehr geprägt durch die sechs steinernen Wasserkrüge, die auf die Reinigungsriten der Juden hinweisen. Es geht nicht mehr um die peinlich genaue Erfüllung des Gesetzes. Wer nur auf die Gebote achtet, der kann leicht erstarren. Sein Leben versteinert und es wird schal, es hat keinen Geschmack mehr. Durch die Menschwerdung Gottes wird unser Wasser in Wein verwandelt. Unser Leben bekommt einen neuen Geschmack.

Viele Eheleute haben Angst, dass ihre Liebe verrinnt, dass sie durch den Alltag entleert wird, dass sie schal wird wie Wasser. Die verzaubernde Kraft des Anfangs verliert sich, der Wein geht aus. Alles wird nur noch Routine. Auf diese Angst antwortet Johannes: »Weil Gott Mensch geworden ist, geht der Wein deiner Liebe niemals aus. Du musst nicht aus eigener Kraft immer Gefühle der Liebe hervorrufen. In dir ist die Quelle der göttlichen Liebe. Und die wird nie versiegen.«

Ehrfurcht und Achtung

In der Ehe geht es auch um Ehrfurcht, um die Ahnung, dass der andere ein Geheimnis ist. Gerade weil sich Mann und Frau in der Ehe immer besser kennenlernen, braucht es die Ehrfurcht und Achtung voreinander. Nur so wird die Liebe nicht langweilig. Sie nährt sich immer wieder neu vom Gespür für das Geheimnis des anderen. Dafür, dass im anderen etwas vom unendlichen Geheimnis Gottes durchscheint.

Das Symbol der Eheringe

Der kreisförmige Ring ist ein altes Symbol. Da der Ring rund ist, bedeutet er die Ganzheit des Menschen. Er will abrunden, was im Menschen unvollkommen ist.

Der Kreis, der in sich selbst zurückführt, ist Symbol der Einheit und Vollkommenheit. Da er ohne Ende ist, ist er auch ein Bild für die Ewigkeit. So liegt in den Eheringen die Hoffnung, dass die beiden Partner zu einer Einheit finden, die vollkommen macht, und dass ihre Liebe bis in die Ewigkeit hineinreiche.

Erleuchtung in Konflikten

Ich erinnere gern an ein Ritual, das mir ein Ehepaar erzählt hat: Immer wenn es einen Konflikt zwischen den beiden gibt und ein Gespräch noch nicht möglich ist, dann zündet einer von ihnen die Hochzeitskerze an. Das ist dann für den anderen ein Zeichen der Versöhnung.

Auch wenn man den Konflikt noch nicht ansprechen kann, weil man noch zu verletzt oder aufgewühlt ist, möchte man doch zeigen, dass man auf die gemeinsame Liebe vertraut und dass sie wieder Licht in die Dunkelheit bringen möge.

Segensgebet über die Hochzeitskerze

Barmherziger und guter Gott, segne diese Brautkerze. Mache sie zum Zeichen, dass das Feuer deiner Liebe immer in den Brautleuten brennt. Ihre Liebe möge ein Licht sein, das die Welt heller werden lässt, sie möge in die Kälte dieser Welt Wärme bringen.

Das Licht dieser Kerze erleuchte das Haus der Brautleute, damit es den Gästen zur Heimat werde, zum Haus, in dem sie sich daheim fühlen können, ganz und gar angenommen, umleuchtet vom milden Licht der Liebe.

Sei den Brautleuten in dieser Kerze immer nahe und zeige ihnen, dass deine Liebe in ihnen alles verbrennt, was ihre Liebe gefährdet, dass sie ihnen Wärme bringt, wenn ihre Liebe zu erkalten droht, und sie erhellt, wenn die Dunkelheit der Angst sie umschleicht. Sei bei den Brautleuten und lass ihre Liebe hell erstrahlen und den Menschen Hoffnung schenken, die in ihr Haus kommen, um sich an ihrer Liebe zu wärmen.

Neuanfang

Sein Leben selbst in die Hand nehmen

Das deutsche Wort »anfangen« kommt von »anpacken, anfassen, in die Hand nehmen«. Neu anfangen heißt daher, das Leben selbst in die Hand nehmen. Ich übernehme die Verantwortung für mein Leben. Ich gestalte es. Ich höre auf, darüber zu jammern, dass ich durch meine Erziehung oder durch meine Veranlagung festgelegt bin. Ich kann immer neu anfangen. Ich kann das, was mir als Lebensmaterial vorgegeben ist, in die Hand nehmen und gestalten.

Das »Material« meines Lebens

Aus jedem Material lässt sich eine schöne Figur formen: Aus Stein kann ich eine schöne Statue hauen, aus Holz eine schöne Figur schnitzen, aus Ton eine anziehende Form gestalten.

Aber ich muss materialgerecht arbeiten. Das Material ist meine Lebensgeschichte, es besteht aus meinen Stärken und Schwächen, meinen Erfahrungen von Geborgenheit und Selbstvertrauen und meinen Verletzungen und Kränkungen. Manchmal besteht mein Material auch aus einem Scherbenhaufen zerbrochener Lebensträume. Aber selbst aus Scherben kann ich eine neue Vase zusammensetzen. Sie ist nicht mehr so perfekt wie die alte. Aber vielleicht sieht sie kreativer aus, bunter und lebendiger.

Neuanfang: das Bild des Turmbaus

Wenn einer von euch einen Turm bauen will, setzt er sich dann nicht zuerst hin und rechnet, ob seine Mittel für das ganze Vorhaben ausreichen? Sonst könnte es geschehen, dass er das Fundament gelegt hat, dann aber den Bau nicht fertigstellen kann. Und alle, die es sehen, würden ihn verspotten und sagen: Der da hat einen Bau begonnen und konnte ihn nicht zu Ende führen (Lk 14,28–30).

Wenn wir anfangen, den Turm zu bauen, sollen wir unsere Steine genau anschauen. Welche Steine stehen mir zur Verfügung? Was sind meine Stärken, was sind meine Schwächen? Was sind zerbrochene und verletzte Steine? Auch sie gehören zu dem Material, aus dem ich meinen Turm baue. Die Steine sind auch ein Symbol für das, was mir bei der letzten Arbeitsstelle oder in der zerbrochenen Beziehung in den Weg gelegt worden ist. Dann wäre es meine Aufgabe, die Steine, über die ich gestolpert bin, zu Bausteinen für meinen Turm zu formen.

Bevor ich jedoch darangehe, meinen Turm zu bauen, braucht es erst einmal das Hinsetzen. Man könnte es die Auszeit nennen, die ich mir zwischen der alten und neuen Aufgabe nehme. Ich brauche Zeit, um das Material meines Lebens zu sichten und gerade auch die

Stolpersteine oder die zerbrochenen Steine der letzten Zeit zu meditieren und sie in meine eigenen Bausteine zu verwandeln, mit denen ich mein Leben neu aufbauen kann.

Neuanfang: das Bild des Ackers

Das Wort »beginnen« bedeutet ursprünglich »urbar machen«. Jedes Beginnen ist ein mühsames Urbarmachen. Da erscheint mein Leben wie ein Land voller Disteln und Steine, von Gehölz und Unkraut übersät, chaotisch, unfreundlich. Wenn ich es urbar machen will, muss ich mir erst einmal ein Feld abstecken. Ich kann nicht das ganze Land meines Lebens in einem Jahr urbar machen. Ich muss mich entscheiden, welches Stück meines Landes ich in diesem Jahr urbar machen möchte. Vielleicht ist es der Bereich meiner Beziehungen oder meiner Arbeit oder meines Lebensstils. Und dann gehe ich daran, das Verwachsene auszureißen, damit mein Boden Frucht bringen kann, damit Neues darauf wachsen kann. Gott wird einen neuen Samen auf mein Feld legen. Meine Aufgabe besteht darin, es urbar zu machen, damit der Same aufgeht und Neues, Ungeahntes, Unerwartetes, Wunderbares in mir zur Blüte kommt.

Der Zauber des Anfangs

Der Zauber des Anfangs fasziniert uns und motiviert uns, diesen Tag kraftvoll zu beginnen. Wir stolpern nicht in den Tag hinein, wir werden nicht zu Sklaven dessen, was heute an Terminen auf uns zukommt und von uns in der Familie oder in der Arbeit erwartet wird. Wir herrschen vielmehr über den neuen Tag und über die Arbeit, die vor uns liegt. Wir leben selbst, statt gelebt zu werden. Wir werden zum Anführer des Lebens, statt irgendwelchen Erwartungen nachzulaufen.

Den richtigen Anfangsgrund finden

Eines der vielen lateinischen Worte für »Anfang« ist »principium«. Das meint den Anfangsgrund, der das Ganze prägt. Es ist das erste Prinzip, das alles durchwest. Dieser Anfang kann nicht abgelöst werden, er bleibt. Er prägt sich dem Folgenden für immer ein. Der Anfangsgrund begründet das, was folgt. Er ist das Fundament, auf dem ich mein Haus aufbaue. Wir sprechen heute noch von Prinzipien, den Grundsätzen, auf denen wir unser Leben aufbauen. Manchmal reiten wir auf unseren Prinzipien herum. Dann werden sie zu starren Grundsätzen.

Doch die Lateiner verstehen »principium« anders. Das Prinzip ist das Erste, was ich in die Hand nehme. Und das Erste prägt auch das, was nachfolgt. Daher will das Prinzip gut bedacht sein. Ich soll mir gut überlegen, wie ich alles anfange. Denn von einem guten Anfang hängt ab, wie alles Weitere wird. Die Lateiner kennen auch die Gefahr eines schlechten Anfangs. Vor ihm warnen sie mit den Worten »Principiis obsta«, das heißt: »Widerstehe den Anfängen«.

Es können auch falsche Gewohnheiten entstehen, sich krankmachende Verhaltensweisen bilden und schlechte Sitten einreißen. Diesen Anfängen gilt es zu widerstehen, damit wir einen guten Anfang setzen, der für das Folgende zum Segen wird.

Den Schritt durch die Tür wagen

»Initium«, eines der vielen Worte, welche die lateinische Sprache für den Anfang hat, meint eigentlich: hineingehen in etwas Neues, einen Anfang setzen.

Wenn ich hineingehe, dann habe ich ein Ziel. Ich denke sofort an das Ende. Initium als der Anfangspunkt wird durch das Ende (»exitus« oder »finis«) verdrängt. Wenn ich hineingehe, so hoffe ich auch, hinauszugehen. Aber ohne Hineingehen gibt es keinen Ausgang. Wer es nicht wagt, in etwas hineinzugehen, bleibt immer vor der Tür des Unbekannten und auch des Unerledigten stehen. Für ihn gibt es auch kein gutes Ende.

Beim Wort »initium« und »inire« ist das Bild des Gehens für den Anfang leitend. Ich fange an, in etwas hineinzugehen. Ich erkunde etwas. Ich fange an mit meinem Weg, auf dem ich weitergehe.

Anpacken

Auch das lateinische Wort »incipere« entspricht dem deutschen Wort »anfangen«. Da ist die Hand als Bild leitend. Ich nehme etwas in die Hand. Ich fange etwas an. Ich packe es an. Dieses »incipere« wird immer als Gegensatz zum Unterlassen gebraucht. Viele verweigern ihre Hände. Sie legen die Hand in den Schoß, anstatt etwas in die Hand zu nehmen. Sie bleiben lieber Zuschauer, als dass sie die Dinge selbst in die Hand nehmen. Sie erwarten von anderen die Lösung ihrer Probleme. Wer das Leben in die Hand nimmt, der übernimmt für sich die Verantwortung. Anfangen heißt immer auch: Ich bin bereit, für mein Leben Verantwortung zu übernehmen.

Das Neue liegt schon in mir

Einen neuen Anfang wagen, das hat vor dem Hintergrund der biblischen Aussagen zwei Bedeutungen. Einmal heißt es für mich, dass das Neue schon in mir ist. In mir ist der Geist Gottes, der mich in jedem Augenblick erneuert und Neues in mir bewirkt. Wenn ich in der Stille in mich hineinhorche, dann ahne ich, was da an Möglichkeiten in mir aufbricht. Da tauchen neue Ideen auf, die Ahnung, Neues zu wagen, neue Verhaltensweisen einzuüben. Ich muss nicht alles neu machen, ich soll vielmehr dem Neuen trauen, das schon in mir ist. Es braucht Achtsamkeit, damit das Neue, das Gott in jedem Augenblick in mir wirkt, auch wachsen und Gestalt annehmen kann.

Zum anderen bedeutet für mich ein Neuanfang, dass ich das, was in mir ist, auch in mein Denken, mein Sprechen und mein Verhalten hineinfließen lasse. Einen neuen Anfang setzen heißt: Ich versuche, mir neue Gedanken über mein Leben zu machen, auf neue Weise über mich und über das Leben zu sprechen und auch auf neue Weise mit den Menschen umzugehen.

Das ewig Neue

Gott ist der ewig Neue. Und Gott schenkt uns durch Jesus Christus seinen Heiligen Geist, der uns ständig erneuert. In uns ist die Quelle des Heiligen Geistes. Und diese Quelle ist ein Brunnen ewiger Neuheit. Das mag für uns ein Gegensatz sein: Was ewig ist, ist alt und bewährt. Doch Gott ist der ewig Neue. Gott schafft in uns alles neu. Diese Gewissheit hat den Jüngern Jesu den Mut geschenkt, Neues zu wagen, aus ihrem engen Umfeld in Galiläa auszubrechen und der Welt die neue Botschaft vom Reich Gottes zu verkünden, das in Jesus Christus unter uns gegenwärtig ist.

Für mich liegt darin eine starke Ermutigung. Ich soll aufhören, darüber zu jammern, dass mein Leben brüchig ist, dass ich in der Vergangenheit zu kurz gekommen bin. Das mag alles gewesen sein. Aber es gibt in mir den Heiligen Geist, der alles neu macht. Das heißt nicht, dass ich meine Vergangenheit verdränge. Aber in das Material, das die Vergangenheit in mir geprägt hat, vermag der Heilige Geist das Neue hineinzufügen.

Abraham – Ursymbol des Neuanfangs

Abraham war fünfundsiebzig Jahre alt. Er hatte sich eingerichtet in Haran. Er hatte eine Frau, Knechte und Mägde und eine große Herde von Schafen. Doch da rief Gott den Abraham und sagte ihm, er solle wegziehen aus seinem Land, aus seiner Verwandtschaft und aus seinem Vaterhaus. Und er gab ihm eine Verheißung mit: »Ich werde dich zu einem großen Volk machen, dich segnen und deinen Namen groß machen. Ein Segen sollst du sein« (Gen 12,2).

Abraham ist das Ursymbol des neuen Anfangs. Für Paulus ist er das Bild des wahrhaft glaubenden Menschen. Und Glaube heißt für Paulus: auswandern aus dem Bekannten, neu anfangen in der Fremde, in einem Land, das ich noch nicht kenne. Glauben heißt: sich von Gott führen lassen in neue Möglichkeiten des Lebens hinein. Glauben heißt nicht nur, einen festen Stand haben, sondern auch ausziehen aus allem Festen, allem Vertrauten, aus allem Erreichten.

Das Neue regt sich schon

Beim Propheten Jesaja habe ich eine wunderbare Textstelle über das Neue gefunden, das schon in mir ist und das mein Leben ohne Überbewertung des Vergangenen neu prägen möchte: »Denkt nicht mehr an das, was früher war; auf das, was vergangen ist, sollt ihr nicht achten. Seht her, nun mache ich etwas Neues. Schon kommt es zum Vorschein, merkt ihr es nicht?« (Jes 43,18f)

Im ersten Vers möchte uns der Prophet aufrufen, das Vergangene zu vergessen. Damit ist das vergangene Unheil gemeint, das das Volk Israel am eigenen Leib erlebt hat. Für uns heißt das: Kreise nicht um das, was geschehen ist, was schiefgelaufen ist in deinem Leben, was dir an Verletzungen oder Kränkungen angetan worden ist, wo du zu kurz gekommen bist in deinem Leben. Das ist alles geschehen. Und es hat auch seine Berechtigung, es in aller Ruhe nochmals anzuschauen und sich damit auszusöhnen. Aber irgendwann sollten wir das Grübeln über die Vergangenheit loslassen. Es ist vorbei. Jetzt geschieht etwas Neues in uns. Gott selbst handelt an uns. Gott lässt unsere Wüste erblühen. Das Verdorrte in unserem Leben wird auf einmal fruchtbar.

Der Prophet begnügt sich nicht damit, das Neue anzukündigen, das Gott an uns wirkt. Er sagt vielmehr, dass das Neue sich schon in uns regt. Wir sollen in uns hineinhorchen. Dann werden wir merken, dass das Neue sich schon in uns zu Wort meldet.

Dem Neuen trauen

Ich muss nicht alles neu machen. Ich brauche nur dem Neuen zu trauen, das sich schon in mir regt. Dann wage ich auch nach außen, das Neue zu leben. Und dann wird mein Leben neu. Ich grüble dann nicht nach, was ich alles neu machen soll. Ich traue dem, was sich an Neuem in mir regt. Und dann lasse ich das Neue auch zum Ausdruck kommen in meiner Arbeit, in meinen Beziehungen, in meiner Spiritualität und in meinem Lebenskonzept. Ich wage das Neue, weil Gott schon das Neue mit mir gewagt hat.

Gott wirkt Verwandlung

Am Begriff der Verwandlung wird deutlich, dass Gott der eigentlich Wirkende ist. Er verwandelt uns und unsere Leidenschaften, er verwandelt unseren Leib und unsere Seele. An uns liegt es, dem verwandelnden Gott zu glauben und zu trauen und uns und unsere gesamte Wirklichkeit diesem Gott hinzuhalten. Und dieses Hinhalten ist nicht immer angenehm. Es verlangt Ehrlichkeit uns selbst gegenüber, den Mut, der eigenen Wahrheit ins Auge zu sehen. Und es verlangt die Offenheit, all das Verborgene in uns Gott hinzuhalten, der durch Jesus Christus im Heiligen Geist »unseren armseligen Leib verwandeln wird in die Gestalt seines verherrlichten Leibes, in der Kraft, mit der er sich alles unterwerfen kann« (Phil 3,21).

Lebensmitte

Die Krise der Lebensmitte

Die Krise der Lebensmitte hat als Erster der Psychologe Carl Gustav Jung beschrieben. Jung meint, dass die Menschen in der ersten Lebenshälfte oft einseitig nur einen Pol leben, zum Beispiel nur den Verstand und den Willen, und das Gefühl verdrängen. Oder aber sie leben nur das Pflichtbewusstsein und vergessen dabei, dass sie auch selbst Bedürfnisse haben. Schon lange vor C. G. Jung hat der deutsche Mystiker Johannes Tauler von der Krise der Lebensmitte gesprochen. Er spricht von der Krise, die religiöse Menschen um das vierzigste Lebensjahr herum ergreift. In dieser Krise schmeckt einem das bisherige geistliche Leben nicht mehr. Man »funktioniert« nur noch. Man erfüllt auch seine religiösen Pflichten. Aber es fehlt das Berührtwerden durch Gott.

Stillstand

Viele haben sich in der Lebensmitte eingerichtet. Sie haben sich in ihrem Beruf etabliert. Sie haben sich eingerichtet in einem gewissen Wohlstand. Jetzt geht es einfach so weiter. Sie haben den Eindruck: Ich habe das

Leben geschafft. Ich bin angekommen. Jetzt ist auch etwas zu Ende gegangen. Das Kämpfen ist zu Ende.

Doch manche haben gar nicht die Hoffnung, dass da noch etwas Neues kommen möchte. Es sollte alles so bleiben, wie es ist. Sie sind satt. Es geht von ihnen nichts Neues aus. Und sie machen sich auch keine Gedanken, was sie selbst noch im Leben bewirken möchten. Manchmal hat man den Eindruck, dass bei ihnen wirklich etwas zu Ende ist: Die Lebendigkeit ist zu Ende. Es ist nur noch ein Funktionieren, ein Dahinleben, aber kein wirkliches Leben mehr. Die ganze Energie wird darauf verwendet, den eigenen Status zu verteidigen. Es sind durchaus Menschen, die noch viel arbeiten. Aber ihrer Arbeit fehlt es an Vision. Sie decken mit der vielen Arbeit nur ihre Zweifel zu, ob das wirklich alles ist, was sie vom Leben wollen.

Nach neuen Formen suchen

Für jedes Alter gibt es spezifische religiöse Ausdrucksformen. Darum darf der Mensch nicht unbesehen an einer Praxis festhalten, die für seine Jugend gut war. Und wenn einem in der Krise der Lebensmitte die bisherige Praxis schal und unfruchtbar vorkommt, so ist das nicht, weil man bisher falschen Formen nachgelaufen ist, sondern weil einem Gott dadurch sagen will, dass man jetzt nach anderen Formen suchen müsse, die der jetzigen Entwicklungsstufe im geistlichen Leben entsprechen.

So zum Beispiel das Beten – vielleicht ist da eine höhere Stufe fällig. Statt im Beten lange Monologe zu halten, die mich selbst ermüden, könnte ich lernen, vor Gott still zu werden. Statt immer mehr fromme Bücher zu verschlingen, heißt es vielleicht, mein Gebet zu vereinfachen. Stelle ich mich unter den Druck, immer neue geistliche Erfahrungen und religiöse Gefühle erleben zu müssen? Wenn ja, dann wäre es eine Aufgabe, stattdessen ganz einfach zu werden vor Gott, in Gottes Gegenwart zu leben, ohne viel darüber reden zu können.

Gott wirken lassen

Die Krise der Lebensmitte hat also ein Ziel. Sie ist eine Chance, zu echtem Menschsein durchzustoßen und auf seinem Weg zu Gott einen entscheidenden Schritt nach vorne zu tun.

Wir sehen eine geistliche Aufgabe darin, die Krise zuzulassen und auf das zu hören, was Gott uns darin sagen will. Wir müssen uns nicht vor dieser Krise schützen mit den vielen Abwehrmechanismen, die da möglich sind, wir brauchen auch nicht davonzulaufen, sondern wir können getrost Gott an uns handeln lassen, wir können es zulassen, dass Gott unser Haus umkehrt und die vermeintliche Ordnung in unserem Innern durcheinanderwirbelt. Anstatt über unsere Krise zu jammern, würden wir dann Gott dafür danken, dass er an uns handelt, dass er unsere Starre aufbricht für seinen Geist, der unser Herz immer mehr verwandeln möchte.

Mut zum Handeln

Ich stelle mir den Gesetzeslehrer, der Jesus in eine theoretische Diskussion über den Weg zum ewigen Leben verwickeln möchte, als einen typischen Mann der Lebensmitte vor. Er kennt sich im Leben aus. Er weiß auf alles eine Antwort. Und seine Frage an Jesus, was man tun müsste, um das ewige Leben zu erlangen, ist eine rein theoretische Frage. Er möchte testen, wie intelligent Jesus ist, ob er seiner eigenen Theorie entspricht oder nicht. Doch Jesus lässt sich nicht auf das Spiel des Gesetzeslehrers ein. Statt ihm zu antworten, stellt er ihm eine Frage: »Was steht im Gesetz? Was liest du dort?« (Lk 10,26)

Als der Gesetzeslehrer mit dem Doppelgebot der Liebe antwortet, bestätigt ihn Jesus. Aber er fügt etwas hinzu, was den Gesetzeslehrer verunsichert: »Handle danach, und du wirst leben« (Lk 10,28).

Es geht nicht um theoretische Diskussionen, es geht darum, das Leben selbst zu wagen. Der Gesetzeslehrer weigert sich, den Schritt in die Realität zu tun. Er will die Diskussion wieder auf die theoretische Ebene heben. Und so fragt er Jesus: »Und wer ist mein Nächster?«

Jesus erzählt ihm das Beispiel vom barmherzigen Samariter. Und dann stellt Jesus dem Gesetzeslehrer die Frage, wer sich als Nächster des unter die Räuber gefallenen Mannes erwiesen hat. »Der Gesetzeslehrer antwortete: ›Der, der barmherzig an ihm gehandelt hat.‹ Da sagte Jesus zu ihm: ›Dann geh und handle genauso!‹« (Lk 10,37)

Der Gesetzeslehrer wollte lieber diskutieren, wie man das ewige Leben gewinnt und wie man den Nächsten lieben könne. Er wollte auf der theoretischen Ebene bleiben. Doch Jesus unterhält sich nicht mit ihm, um interessante spirituelle Themen abzuhandeln. Jesus fordert ihn auf: »Geh und tu das Gleiche!« So ein Wort kann man nicht überhören. Darüber kann man nicht nachdenken. Man muss es einfach tun.

Jakobs Kampf – eine Geschichte der Lebensmitte

Die Bibel beschreibt die Wandlung des Jakob in den einfachen Worten: »Die Sonne schien bereits auf ihn, als er durch Penuel zog; er hinkte an seiner Hüfte« (Gen 32,32). Die Nacht ist verflogen. Die Dunkelheit hat sich in Licht verwandelt. Die nächtliche Wandlung wird nun bei Tage besehen, mit dem Verstand beleuchtet, damit sie alle Bereiche des Leibes und der Seele durchdringt. Jakob zieht durch die Furt. Er überquert den Fluss, der ihn vom anderen Ufer trennt.

Es ist eine Geschichte der Lebensmitte, die hier erzählt wird. Für das Leben jenseits des Ufers, für das Leben in der zweiten Lebenshälfte genügt es nicht mehr, sich nur mit dem Verstand, nur mit Schlauheit und List durch das Leben zu schlängeln. Da müssen wir uns der Wahrheit stellen, da müssen wir die Furt durchschreiten. Und wir werden durch die Auseinandersetzung mit dem eigenen Schatten verletzt wie Jakob, der an der Hüfte hinkt. Wir werden nicht mehr die alte Sicherheit und Stärke haben. Es bleibt nicht mehr alles beim Alten. Wir sind gezeichnet: Die Verletzung bleibt.

Aber sie hindert uns nicht an unserem Weg. Sie ist vielmehr Erinnerungszeichen, dass wir Gott begegnet sind, dass er unser Leben verwandelt hat, dass es nun echt und authentisch geworden ist und wir nun wie Israel – wie Jakob nun auch genannt wird – zum Segen für andere werden können, weil uns Gott gesegnet hat, dass wir zum Stammvater vieler werden dürfen, weil wir nicht mehr auf uns, sondern auf Gott, unseren Vater, als den wahren und tragfähigen Grund unserer Existenz bauen.

Übergang in den Ruhestand

Dankbarer Blick zurück

Jeder Abschied ist auch mit Wehmut und Schmerz verbunden. Aber das Ritual des Abschieds ist vor allem von Dankbarkeit geprägt. Danke Gott für all diese Jahre der Arbeit. Danke Gott für alles, was dir gelungen ist. Und danke Gott dafür, dass du in diesen Jahren für viele Menschen ein Segen sein durftest.

Freiraum lassen

Manche Rentnerinnen und Rentner glauben, sie müssten ihren Ruhestand völlig verplanen, und stopfen ihre Ruhezeit gleich mit möglichst vielen Aktivitäten zu. Dahinter steht oft die Angst, in ein Loch zu fallen. Doch die freie Zeit sofort zuzustopfen ist kein guter Weg.

Lass dir genügend Freiraum! Es ist sicher gut, wenn du überlegst, was du noch für andere tun und wie du deinen Ruhestand sinnvoll gestalten kannst. Aber setze dich nicht unter Druck. Genieße erst einmal, dass du ausruhen darfst, dass du dir selbst etwas gönnen darfst.

Sein, wer ich bin

Du musst jetzt keine Rolle mehr spielen. Einfach zu sein, wer du bist, kann auch befreiend sein. Natürlich hängen wir oft auch der Rolle nach. Jetzt kommt es darauf an, dass du ganz du selbst wirst, dass du mit deinem wahren Personkern in Berührung kommst, mit dem einmaligen Bild, das Gott sich von dir gemacht hat. Jetzt zählst nur noch du als Person. Gerade in deiner einmaligen Person liegt dein besonderer Wert.

Sich stellen

Ruhe finden, gelassen werden und die Stille genießen, das sind drei wichtige Voraussetzungen, deinen Ruhestand gut leben zu können. Nur aus der Stille heraus kann wachsen, was wir für andere tun. Wenn wir mit unserem Tun nur der Stille ausweichen wollen, dann wird unser Tun keinen Segen bringen. Stille kommt von »stellen, stehen bleiben«. In der Stille bleibe ich stehen, um mir selbst zu begegnen. Und in der Stille tauchen die eigene Wahrheit und meine tiefste Sehnsucht auf. Wonach sehnst du dich?

Loslassen hat ein Ziel

Bei allem Loslassen solltest du immer wissen, dass das Loslassen ein Ziel hat: Etwas Neues will in dir wachsen. Du sollst deine wahre Identität finden, die unabhängig von Leistungen und Titeln ist. Diese Identität meint nur deine einmalige und einzigartige Person.

Neue Möglichkeiten entdecken

Im Ruhestand geht es darum, zu betrauern, dass die Arbeit zu Ende geht und dass nicht alles so gelungen ist, wie man es erhofft hat. Man darf betrauern, dass man jetzt erst einmal nicht mehr gebraucht, nicht mehr von allen um Rat gefragt wird und dass man in der Öffentlichkeit nichts mehr gilt. Wer das betrauert, der kann dann neue Möglichkeiten in seinem Leben entdecken. Er kommt mit sich selbst in Berührung. Und so erfährt er sein Leben als gesegnet. Er kann das Alte loslassen, weil er darauf vertraut, dass Gott für ihn neue Möglichkeiten bereithält.

Viele entwickeln im Ruhestand neue Fähigkeiten. Sie engagieren sich für soziale oder kirchliche Projekte. Und sie gehen einen spirituellen Weg, werden gelassen und gütig und milde. Sie strahlen etwas aus in ihre Umgebung, das allen guttut. Sie haben die Krise als Chance genutzt und so neue Fruchtbarkeit in ihr Leben gebracht.

Altern

Ein neues Gespür für den Sinn des Alters

Wir brauchen heute in unserer Gesellschaft ein neues Gespür für die Weisheit und für den Sinn des Alters. Damit heben und schützen wir den Schatz, den die Gesellschaft in sich birgt. Und zugleich lässt uns die Wertschätzung des Alters auch unser eigenes Älterwerden positiv betrachten. Jeder Mensch wird täglich älter. Das Nachdenken über das Alter ist daher nicht nur für die alten Menschen wichtig, sondern für jeden Menschen. Sein Leben gelingt nur, wenn er sich dem Prozess des Älterwerdens stellt. Altern ist eine Grunderfahrung des Menschen. Über das Alter zu reflektieren ist daher immer auch ein Nachdenken über das Geheimnis des Menschseins an sich.

Grundregeln für die Kunst des Altwerdens

Es gibt Grundregeln für die Kunst des Altwerdens, die für jeden gelten. Dazu gehören die Schritte des Annehmens, des Loslassens und des Über-sich-Hinausgehens. Wer diese Kunst erlernen will, der muss diese Tugenden des Alters einüben. Aber bei allen gemeinsamen Regeln muss jeder schließlich doch seinen ganz persönlichen Weg finden. Er muss selbst entscheiden, wie er mit seinem Älterwerden umgeht, mit dem, was ihn da von außen trifft, mit der Krankheit, mit den Verlusterfahrungen und mit der Erfahrung der eigenen Grenzen.

Jahreszeiten als Bild für die Lebensalter

Eine Frau meinte, für sie seien die Jahreszeiten ein wichtiges Bild für das Leben des Menschen. Der Frühling – die Kindheit und Jugend – habe sein aufblühendes Leben, der Sommer – das Erwachsenenalter – seine sonnigen Tage. Das Alter sei dagegen wie der Herbst in seiner Schönheit. Dem kann ich zustimmen: Auch der Herbst ist schön. Er ist geprägt durch die wunderbaren Herbstfarben, durch die Milde des Sonnenlichts und durch das Feiern der Ernte, das Genießen der Gaben der Schöpfung.

Während des Berufslebens und in der Arbeit kann man vieles nicht wahrnehmen. Im »Herbst« des Lebens geht es darum, das Schöne zu schauen und zu genießen. Statt zu leisten, genügt es, einfach da zu sein. Aber so wie der Herbst Neues in der Schöpfung hervorbringt, so ist es auch die Aufgabe im Alter, Neues zu probieren. Man kann etwa mit den Händen etwas tun: stricken, malen, töpfern, basteln, gestalten …

Nach dem Herbst kommt der Winter. Auch er hat seine Schönheit. Er ist voller Ruhe und Stille. Wenn Schnee die Landschaft bedeckt, entsteht ein eigener Zauber. In der Kunst des Älterwerdens ahmen wir Herbst und Winter nach und gestalten sie so, dass es ein schöner und fruchtbarer Herbst und ein ruhiger und stiller Winter wird, der erfüllt ist von der Wärme der Liebe.

Aber sowohl Herbst als auch Winter können auch von negativen Erfahrungen geprägt sein. Da gibt es die Herbststürme, die Bäume entwurzeln und uns das Vertraute nehmen. Es gibt den Winterfrost, der uns frieren lässt. Schneemassen schneiden uns dann unter Umständen von der Außenwelt ab.

Zur Kunst des Altwerdens gehört es, Herbst und Winter in ihrer Schönheit, aber auch in ihrer Rauheit anzunehmen und bei allem Bedrängenden doch auch die Liebe zu entdecken, die jede Zeit des Lebens zu wandeln und zu wärmen vermag.

Der Sinn des Alters

Der Sinn des Alters besteht nach C. G. Jung darin, das Abnehmen der körperlichen und geistigen Kräfte anzunehmen und den Blick nach innen zu lenken. In der Seele liegt der Reichtum des Menschen. Das Alter lädt uns ein, in uns hineinzuschauen und dort den Schatz der Erinnerungen und den inneren Reichtum zu entdecken, der in den vielen Bildern und Erfahrungen zum Ausdruck kommt.

Weise werden

Wer im Alter das Geheimnis des Lebens durchschaut und im Blick auf das Lebensganze sein Leben versteht, der wird weise. Weise kommt von »wissen«, und wissen hängt mit »schauen« zusammen. Der weise Mensch sieht tiefer, in den Grund, der unser Leben zusammenhält.

Für mich kommt dieses Zusammensehen aller Gegensätze in dem letzten Wort Jesu am Kreuz zum Ausdruck: »Es ist vollbracht« (Joh 19,30) – Es ist vollendet, ganz gemacht.

Viele Menschen haben Angst, am Ende ihres Lebens vor einem Scherbenhaufen zu stehen. Sie fürchten sich vor der eigenen Brüchigkeit. Jesus vollendet am Kreuz alles, was er gelebt hat. Sein Tod ist kein Scheitern, sondern ein Zusammenfügen von allem, was ihn ausmacht. Und sein Tod ist Vollendung der Liebe. Ja, die Liebe ist letztlich das, was die eigene Brüchigkeit zusammenfügt und den Torso des Lebens vollendet.

Nähe zum Ewigen

Ein Sinn des Alters besteht für den katholischen Theologen Romano Guardini darin, dass der alte Mensch eine besondere Nähe zum Ewigen hat. Im Blick auf das Ewige – auf Gott und sein Reich – relativiert sich alles Irdische. Guardini versteht die Nähe zum Ewigen nicht nur als Vertrautwerden mit dem Sterben, sondern als die Fähigkeit, sein Leben für das Ewige zu öffnen, das unvergänglich ist und das allen Wandel überdauert.

Das Zeugnis des greisen Simeon (Lk 2,22-35)

Von Simeon heißt es, dass er gerecht und fromm ist, dass er auf die Rettung Israels wartet, und dass der Heilige Geist auf ihm ruht.

Vier Eigenschaften zeichnen also diesen alten Mann aus: Er ist erstens gerecht: Er wird sich und seinem Wesen gerecht, und er handelt auch gerecht an den Menschen. Er ist zweitens fromm, das heißt, er nimmt Gott ernst und ist in seinem ganzen Wesen auf Gott bezogen. Drittens wartet er auf die Rettung – oder wie es im Griechischen heißt: auf den Trost, auf die Tröstung Israels. Wer auf den Trost Israels wartet, der kann getrost alt werden. In Jesus erkennt er den Trost Israels. Als dieser alte und weise Mann das Kind Jesus in seine Arme nimmt, schaut er in ihm das Licht, das für die Menschen aufleuchtet, und das Heil, das in ihm den Völkern zukommt. Und viertens ruht Heiliger Geist auf Simeon. Er ist nicht nur weise, sondern er ist von heiligem, von göttlichem Geist erfüllt. Der Heilige Geist ließ ihn in dem Kind das Licht erkennen, das Gott in die Welt gesandt hat, und den Retter, der sein Volk befreien wird.

Das ist wohl die wichtigste Aufgabe alter Menschen: auf das Licht hinzuweisen, das unter uns leuchtet. Alte Menschen blicken tiefer. Sie sehen das Eigentliche. Sie sehen das Licht, auch wenn es verdeckt zu sein scheint. Simeon schaut das Licht in dem unscheinbaren, kleinen Kind. Und er sieht in diesem Kind das Wirken Gottes. Weise Alte verstehen das Leben. Sie erkennen die Zusammenhänge. Und sie schauen das Heile und Ganze mitten in den Bruchstücken unseres Lebens.

Sich selbst annehmen

Im Alter zeigt sich klarer und eindeutiger, ob sich jemand wirklich angenommen hat. Manche nehmen sich an, solange sie Erfolg haben, gebraucht werden, beliebt sind oder im Mittelpunkt des Interesses stehen. Doch wenn niemand sie beachtet, beginnen sie zu jammern und sich zu beklagen. Bei ihnen wird deutlich, dass sie sich selbst nicht akzeptiert haben. Sie haben ihre Existenz auf die Anerkennung gebaut und ihr Selbstwertgefühl daraus bezogen.

Aber im Alter vermögen wir uns selbst nur anzunehmen, wenn wir unser Leben auf ein tragfähigeres Fundament bauen, das heißt, wenn wir es letztlich auf Gott bauen.

Aus den Tiefen heraus

Viele alte Menschen haben die Zukunft bedrohlich vor Augen. Sie haben Angst, dass sie hilflos oder pflegebedürftig werden und niemanden haben, der sich um sie kümmern wird. Sie befürchten, von der Familie abgeschoben zu werden und ins Altersheim zu kommen. Oder sie haben Angst, ihr Partner könne vor ihnen sterben und sie würden das Alleinsein nicht verkraften.

Der Psalmist verschließt seine Augen nicht vor der Zukunft. Doch er kann auch die Zukunft annehmen, weil er mit einer anderen Brille auf sie schaut. Er ist überzeugt: »Du wirst mich neu beleben, du führst mich wieder heraus aus den Tiefen der Erde!« (Ps 71,20)

Dies ist eine paradoxe Bitte. Der Alte spürt, dass er schwächer wird, dass seine Lebenskraft schwindet und dass Krankheit und Schwäche ihn erwarten. Und doch ist er überzeugt, dass Gott ihn neu belebt. Dies ist dann ein Leben, das nicht an die Kraft des Leibes gebunden ist. Es ist vielmehr das Leben des Geistes, an das er glaubt und das er von Gott erwartet. Auch wenn er manchmal die Tiefen der Erde schaut, die Dunkelheit der Depression, die Angst, nicht mehr über sich bestimmen und das Leben nicht mehr selbst gestalten zu können, so vertraut er doch darauf, dass Gott ihn aus der Tiefe der Erde herausführt, aus dem dunklen Loch der Depression befreit und ihm in seiner Schwäche eine andere Stärke verleiht.

Neues schaffen

Altern gelingt nicht von allein. Wir müssen annehmen, dass der Geschmack von dem, was wir bisher gesungen, gesprochen und getan haben, verloren geht. Doch gerade darin liegt eine Chance. Wir erkennen, dass wir nach allem, was wir getan haben, gar nichts sind – oder wie Jesus sagen würde: unnütze Knechte. »Wir haben nur unsere Schuldigkeit getan« (Lk 17,9).

Wir können uns nichts auf unsere vergangenen Leistungen einbilden. Im Alter können wir nicht auf dem ausruhen, was wir getan haben. Wir müssen von Neuem an uns arbeiten. Denn Gott ist auch der, der immer von Neuem schafft. Auch das Alter braucht die Bereitschaft, an sich zu arbeiten und sein Leben auf eine neue Grundlage zu stellen, damit es gelingt.

Sich aussöhnen mit dem, was ist

Das Gelingen des Alterns geht nur über einen Prozess der Trauer: Ich muss all das, was mir genommen wurde, betrauern. Nur so kann ich vielleicht in mir Neues entdecken.

Als Begleiter in solchen Suchprozessen kann ich kein frommes »Pflaster« auf die Not des alten Menschen »kleben«. Ich muss versuchen, seinen Schmerz zu verstehen und anzunehmen. Aber dann kann ich ihn behutsam dazu führen, sich mit seinem Leben auszusöhnen. Er kann das Vergangene nicht mehr rückgängig machen. Aber es ist seine Aufgabe, darauf zu reagieren. Er kann angesichts seines Lebens verbittern – oder aber er kann sich mit ihm aussöhnen. Er kann sich auf das fixieren, was er verloren oder nicht erreicht hat, oder aber er kann sich dankbar daran erinnern, was er erlebt hat und was ihm geschenkt wurde.

Loslassen des Ego

Letztlich geht es im Alter darum, das eigene Ich loszulassen. Und das ist wohl die schwerste Aufgabe, die es gibt. Aber alle Weisen in den Religionen sagen uns das Gleiche: Das Ego muss sterben, damit etwas Größeres in mir aufleuchten kann. Jesus selbst fordert seine Jünger auf, ihr Ego zu verleugnen: »Wer mein Jünger sein will, der verleugne sich selbst, nehme sein Kreuz auf sich und folge mir nach« (Mk 8,34).

Gelassenheit

Der alte Mensch, der gelassen auf sein Leben schaut und der sich nicht resignierend, sondern voll Vertrauen dem Alter überlässt, der lässt auch die anderen Menschen sein, wie sie sind. Von ihm geht etwas aus, das andere anzieht. Denn in seiner Nähe dürfen sie mit ihrer Unzulänglichkeit und Brüchigkeit sein, ohne be- oder gar verurteilt zu werden.

Freiheit als Alterstugend

Eine Tugend, die der alte Mensch einüben muss, die aber vielen auch leichter gelingt als während ihrer Berufstätigkeit, ist die Freiheit. Der alte Mensch hat es nicht mehr nötig, sich nach den Erwartungen der anderen zu richten. Er darf frei seine Meinung sagen. Er braucht sich nicht mehr zu beweisen. Er darf sagen, was er denkt und fühlt. Er muss nicht so viel Rücksicht darauf nehmen, was andere denken oder erwarten. Diese Unabhängigkeit führt zu einer größeren Freiheit. Die Freiheit der Alten ist aber nicht selbstverständlich. Wir kennen auch das Gegenteil: Alte Menschen erstarren und werden stur. Wir sprechen vom »Altersstarrsinn«, der als einziger »Sinn« immer stärker wird. Um nicht diesem Starrsinn zu verfallen, braucht es die Einübung in die Freiheit. Wer sich als alter Mensch von den Erwartungen der Menschen löst, der erfährt die Freiheit als Weg zu innerer Unabhängigkeit, Zufriedenheit und Glück. Er hat sich befreit vom Druck, irgendjemandem etwas beweisen zu müssen. Er hat es auch nicht mehr nötig, seine eigene Kraft unter Beweis zu stellen. Er erlaubt es sich selbst, so zu sein, wie er ist.

Ängste im Alter

Bei allen Ängsten geht es darum, sie im Gebet vor Gott anzuschauen. Was wollen sie mir sagen? Ich habe keine Garantie, dass ich nicht schwer krank oder dement werde oder dass mein Ehepartner nicht vor mir stirbt. Die Angst ist verständlich. Ich soll sie zulassen. Aber zugleich verweist mich die Angst auf das, was mich eigentlich trägt und was mich eigentlich ausmacht.

Die Angst, verlassen zu werden, will mir sagen, dass ich das Haus meines Lebens nicht auf Menschen, sondern auf Gott bauen sollte. Gott wird mich nicht verlassen. Er wird bei mir bleiben. Sein Engel wird mich auch über die Schwelle des Todes tragen. So werde ich in keinem Augenblick – auch nicht im Augenblick des Todes – völlig allein sein.

Die Angst, dement zu werden, konfrontiert mich mit der Frage, wer ich eigentlich bin: Bin ich nur wertvoll, wenn ich vernünftig denken und handeln kann? Oder ist der innerste Kern meiner selbst nicht auch dann noch da, wenn alles Äußere wegfällt? Manchmal strahlen auch demente Menschen etwas aus, das auf diesen klaren und reinen Kern schließen lässt. Da ist das Ego zerbrochen, und es geht nur noch um das reine Sein. Und die Angst vor der eigenen Hinfälligkeit und Demenz lädt mich ein, mich mit allem in Gott hinein zu ergeben und zu vertrauen, dass Gott es gut mit mir meint und dass er mich in allen Phasen meines Lebens trägt.

Verletzungen der Vergangenheit

Es wäre eine wichtige Aufgabe für alte Menschen, nicht in den Wunden der Vergangenheit zu wühlen, sondern sich so zu erinnern, dass die Wunden geheilt werden. Wenn alte Leute von ihrer Vergangenheit ohne Bitterkeit und ohne Vorwurf an andere erzählen, dann hat das schon eine reinigende und heilende Wirkung. Dann kommen die Verletzungen aus der eigenen Lebensgeschichte zur Ruhe. Wenn alte Menschen oft einfach nur dasitzen und nachdenken, wenn sie die Erinnerungen ihres Lebens Gott hinhalten, dann geschieht Heilung, dann wird es in ihnen still.

Die Erinnerung bringt uns nicht nur in Berührung mit der Vergangenheit. Sie kann uns auch helfen, jetzt und heute unsere Situation anzunehmen. Die Erinnerung schenkt Halt mitten in der Haltlosigkeit des Alters. Und die gute Erinnerung schenkt Hoffnung und Zuversicht für die Zukunft.

Worte in glücklichen Zeiten

Zeiten der Zufriedenheit

Bitte um Achtsamkeit

Der Segen Gottes möge dich befähigen, bewusster und achtsamer zu leben, dass du jeden Augenblick bewusst wahrnimmst: die Schönheit der Natur, die Einmaligkeit jedes Menschen, der dir begegnet, die kleinen Freuden, die Gott dir im Alltag schenkt: das freundliche Lächeln eines Menschen und den Sonnenstrahl, der durch die Wolken dringt.

Jede Zeit ist gesegnet

Du brauchst gar nichts zu tun. Nimm nur achtsam diesen einen Augenblick wahr. Dann wirst du die Fülle von Gottes Segen in diesem Augenblick erfahren. Und du wirst erkennen, dass jede Zeit eine gesegnete Zeit, eine erfüllte Zeit ist.

Der liebevolle Blick

Ein Körper ist schön, wenn sich eine schöne Seele darin ausdrückt. Und letztlich ist ein Mensch schön, wenn er sich liebevoll anschaut. Denn das Wort »schön« hängt auch mit dem Wort »schauen« zusammen. Schönheit hat immer auch mit Liebe zu tun. Nur wer sich selbst liebevoll anschaut, ist schön. Wer sich selbst hasst, ist hässlich.

Das gilt auch für die Beziehung zu anderen: Wer andere hasst, macht sie hässlich und wird selbst dabei hässlich. Und wer andere liebevoll anschaut, der entdeckt ihre Schönheit. Die Schönheit ist im anderen. Aber sie braucht auch eine Bereitschaft von unserer Seite, diese Schönheit wahrzunehmen. Und die eigentliche Bedingung, um Schönheit im anderen wahrzunehmen, ist die Liebe, der liebevolle Blick auf ihn.

Einfach genießen

Bei den meisten evangelischen Theologen hat man den Eindruck, dass die Schönheit der Schöpfung nur im Glauben an Jesus Christus richtig wahrgenommen werden kann. Man kann über die Schönheit der Schöpfung nicht sprechen, ohne sofort an die Schuld zu denken, die durch Christus getilgt wurde. Man warnt vor dem Genießen der schönen Schöpfung, weil sie zum Vergessen Jesu Christi führen könnte.

Da ist mir die ursprüngliche Beziehung zur Natur, die in den Gedanken des katholischen Alttestamentlers Fridolin Stier zum Ausdruck kommt, innerlich näher. Auch Stier spricht in seinen Aufzeichnungen immer wieder auch vom Leid, von der Dunkelheit und Abwesenheit Gottes, von der Unbegreiflichkeit Gottes. Aber wenn er in der Natur ist und die Wiesen betrachtet, durch die er wandert, ist er sich in diesem Augenblick seines Gottes gewiss.

Freilich versteht er diesen Gott nicht, der auf der einen Seite diese wunderbare Landschaft geschaffen hat, auf der anderen Seite den jungen Familienvater an Krebs sterben lässt. Aber an Sünde und Schuld denkt er nicht, wenn er vor einem Gänseblümchen stehen bleibt, um seine Schönheit zu bewundern.

Kein Vergleichen

Gott schaut nicht auf die Bekanntheit, auf den Reichtum, auf den Erfolg. Entscheidend ist, dass der Mensch dem Ruf Gottes folgt. Nicht was er in der Welt gilt, zählt, sondern dass er seine Sehnsucht auf Gott richtet. Und da ist gerade der Mangel, an dem wir leiden, oft eine Hilfe, dass wir uns wirklich auf Gott ausrichten und von Gott alles erwarten.

Diese Freiheit vom Rühmen und die Freiheit vom Sichvergleichen führt uns zur inneren Gelassenheit. Wir dürfen so sein, wie wir sind. Und wir lassen die anderen so, wie sie sind. Wir hören auf, uns mit anderen zu vergleichen. Wir sind dankbar, dass Gott uns berufen hat. Was er mit anderen Menschen tut, das ist Gottes

Sache. Darum müssen wir uns nicht kümmern. Daher verachten wir niemanden, aber wir bewundern auch die in der Welt Angesehenen nicht.

Wir schauen auf Gott. In ihm finden wir unseren Wert. Das befreit uns von aller Sorge, ob wir genügend Erfolg haben oder gut genug sind im Urteil der Welt. Das Urteil der Welt geht uns nichts an. Wir öffnen uns in unserer Schwachheit für Gott. Und von ihm bekommen wir unseren Wert. So können wir gelassen unseren Weg gehen, ohne ständig zu überlegen, ob wir in den Augen der Welt gut genug sind.

Zeiten der Stärke

Eine Gabe des Heiligen Geistes

Die Gabe der Stärke – eine der sieben Gaben des Heiligen Geistes – wendet sich an den Willen. Im Lateinischen heißt diese Gabe: »donum fortitudinis«. Es ist die Stärke, die auch für das Leben und für das Gute zu kämpfen vermag. Die Gabe der Stärke ist immer auch mit der Tugend der Tapferkeit verbunden. Wenn ich von einer Sache überzeugt bin, kämpfe ich dafür, auch wenn ich dabei verletzt werde. Die Tapferkeit meint, dass ich vor den Herausforderungen der Zeit nicht davonlaufe, sondern mich ihnen stelle.

Der Tapfere macht sich auch angreifbar. Er richtet sich nicht populistisch nach der Mehrheit, sondern nach seinem Gewissen. Er schaut den Problemen ins Gesicht und versucht standzuhalten. Daher gehören zur Gabe der Stärke immer auch die Ausdauer und die Standhaftigkeit.

Wer die Gabe der Stärke in sich hat, der hat genügend Kraft, auch die Krisen durchzustehen, die ihn heimsuchen. Ihm können dann sowohl innere Krisen – durch die Veränderung der konkreten Lebenssituation oder durch die Turbulenzen seiner Seele – als auch äußere

Krisen, die wie die Finanzkrise alle gleichermaßen treffen, letztlich nichts mehr antun.

Der Heilige Geist will uns die Augen öffnen, damit wir die eigene Fähigkeit zur Tapferkeit, zur Kraft und zur Stärke in uns entdecken. Aber wir rufen ihn auch an, damit er unsere eigenen Fähigkeiten mit seiner Kraft erfüllt.

Sich nicht verbiegen

Vertraue darauf, dass Gottes Segen dich stärkt und dass es für dich zum Segen wird, wenn du authentisch bist und dich nicht verbiegst, um den anderen zu gefallen. Du wirst Gottes Segen erfahren, wenn du mutig genug bist, einfach das zu sagen, was in deinem Herzen ist, und das zu tun, was deinem innersten Wesen entspricht. Und du wirst auch erkennen, dass dein Mut auch den anderen zum Segen gereichen wird.

Kampfgeist

Du kämpfst darum, dass dein Leben gelingt, dass du die Ziele erreichst, die du dir gesetzt hast. Und du kämpfst für das Leben, für die Gerechtigkeit, für eine menschlichere Welt. Die Welt braucht deinen Kampfgeist, damit sie menschlicher wird.

Gottes Segen wird dich immer wieder mit diesem Kampfgeist erfüllen, dass du dich selbst nicht aufgibst, dass du die Menschen nicht aufgibst, mit denen du lebst und für die du dich einsetzt.

Schöpferkraft

Gott hat uns Anteil an seiner schöpferischen Kraft geschenkt. So ist es unsere Aufgabe, diese Welt schön zu gestalten und uns selbst das Leben schön zu machen. Wir können auch anderen Menschen das Leben schöner machen, indem wir schöne Räume gestalten, schöne Feste feiern, ein schönes Bild malen, eine schöne Musik spielen. Es ist unsere Verantwortung, dass wir diese Welt im Sinne Gottes gestalten und die Schönheit, die Gott in die Welt gelegt hat, durch unser Handeln nicht verdecken, sondern zur Geltung bringen.

So besteht für mich Spiritualität auch darin, etwas Schönes zu schaffen. Mir ist es wichtig, über das Schöne auch in einer schönen Sprache zu schreiben. Andere gestalten ihre Wohnung schön oder ihren Garten. Andere decken täglich den Tisch schön und genießen so die Schönheit des Mahles. Oder sie machen es den Gästen schön und gewähren ihnen so einen Raum von Heimat. Schönes um sich zu schaffen und zu gestalten ist nicht eine Frage der Ästhetik, sondern der Spiritualität. Letztlich ist es priesterliches Tun, dass wir als Priester und Priesterinnen das Heilige und Schöne nicht nur hüten, sondern es auch darstellen, diese Welt schöner machen, indem wir dort, wo wir sind, Schönheit verbreiten.

Unsere Würde als Menschen besteht darin, dass wir an der Schöpferkraft Gottes teilhaben. So besteht Spiritualität auch darin, dass wir uns dankbar dem Schöpferischen in uns zuwenden. In uns ist eine Quelle des Schöpferischen, in uns ist eine Quelle des Schönen. Und unsere

Aufgabe ist es, diese Quelle des Schönen und Kreativen in uns sprudeln zu lassen, zum Segen für uns selbst und für die Menschen, damit durch uns Schönes entsteht, das heilsam für die Menschen ist. Und so können wir selbst dazu beitragen, dass »Schönheit die Welt rettet«.

Zeiten der Ruhe

In der Ruhe aufatmen

Die Griechen sprechen von der Ruhe als einer Pause. »Anapausis« heißt nicht nur Ruhe, sondern auch Aufatmen. In der Ruhe kannst du aufatmen.

Die Lateiner sprechen von »otium«. »Otium« übersetzen wir nicht nur mit Ruhe, sondern mit Muße. Muße ist nicht Müßiggang. Muße ist für die Lateiner vielmehr etwas Wertvolles. Es ist die Zustimmung zum Sein. In der Muße habe ich Zeit für die wesentlichen Dinge des Lebens, für das Nachdenken, für die Musik, für die Literatur, für die Begegnung und das Gespräch.

Sein eigenes Tempo finden

Wer zur Ruhe gekommen ist, der wird sich nicht mehr von anderen antreiben lassen. Er wird aus der inneren Ruhe heraus das Tempo finden, das ihm guttut. Er gibt sich selbst das Tempo vor. Und in diesem Tempo arbeitet er meistens effektiver als die Menschen, die ständig Hektik um sich verbreiten.

Sabbatruhe

Weil Gott am siebten Tag ruhte, soll auch der Mensch am siebten Tag ausruhen. Er soll die Sabbatruhe Gottes genießen. Der Sabbat ist eine Wohltat für den Menschen. Gott selbst hat es dem Menschen vorgemacht. Das Werk unserer Arbeit wird erst vollendet, wenn wir davon ausruhen. Nur dann können wir es auch genießen.

Gott segnet den siebten Tag und erklärt ihn für heilig. Es ist also ein Segen, jede Woche einen Tag für sich zu haben, an dem wir ausruhen dürfen, an dem wir uns nicht beweisen müssen, an dem wir frei sind von allen Erwartungen von außen.

Und es ist ein heiliger Tag, ein Tag, der dem Zugriff der Welt entzogen ist, dem Zugriff der Ökonomie. Heute hat die Wirtschaft absolutistische und autoritäre Tendenzen. Sie neigt dazu, über alles herrschen und alles bestimmen zu wollen. Alles sollte möglichst nach ökonomischen Gesichtspunkten bewertet werden. Da ist es eine Wohltat, dass Gott dieser absoluten Herrschaft der Ökonomie einen Tag entzogen hat, der allein dem Menschen gehört.

Damit unsere Seele still wird

Nach Stille sehnen wir uns alle. Doch es gibt so viel, was uns davon abhält, still zu werden. Der Verfasser des 62. Psalms erzählt von Menschen, die uns die Ruhe nicht gönnen. Sie haben Gefallen am Lügen, und wir müssen uns wehren. Doch bei allem Kampf gegen die, die uns bekämpfen, kommen wir nicht zur Ruhe. Im Gegenteil, in uns taucht die Angst auf, dass die anderen die Mauer zum Einsturz bringen, die wir mit großer Anstrengung aufgerichtet haben, um uns vor feindlichen Angriffen zu schützen. Da wendet sich der Psalmist an Gott. Er bekennt, dass keine Meditationstechniken ihn zur Stille bringen, sondern allein Gott. Wenn wir uns ihm zuwenden, dann wird unsere Seele still. Denn von Gott allein kommt uns Hilfe, und er allein ist der Fels, der uns Sicherheit verleiht, eine Burg, in der wir uns bergen können vor dem Sturm des Alltags.

Der Segen der Stille

Gottes Segen begleite dich in der Stille. Genieße die Stille, die du um dich herum spürst. Die Stille selbst ist ein Segen für dich. Sie bringt dich in Berührung mit dem inneren Raum der Stille in dir. Dort, wo es in dir still ist, bist du ganz du selbst.

Ein Zufluchtsort

Über die Schönheit nachzudenken ist nicht eine fromme Flucht aus der Welt, sondern ein Weg, mitten in unserem Einsatz für die Welt einen Zufluchtsort zu haben, an dem wir ausruhen, an dem wir in Berührung kommen mit unserer Seele und ihrer inneren Schönheit, um uns dann wieder ganz unserer Arbeit widmen zu können.

Erfüllte Zeit

Die angenehme Zeit ist die erfüllte Zeit, die Zeit, die nicht mit Terminen voll ist, sondern von Gottes Nähe. Es ist die Zeit, in der ich ganz gegenwärtig bin. Denn Gott ist immer der gegenwärtige Gott. Und es ist die Zeit, in der Gott herrscht und nicht der Mensch mit seinen Erwartungen und Ansprüchen.

Dort, wo Gott in mir herrscht, bin ich frei von dem Druck der Menschen, bin ich frei von dem Druck, den ich mir selbst mache. Aber es verlangt, dass ich umkehre, oder wie die Griechen sagen: umdenke (metanoein). Ich muss mit anderen Augen auf die Zeit schauen.

Pausengebet

Guter Gott, ich gönne mir jetzt eine Pause.

Ich möchte dich als den Grund in mir spüren, damit ich auf festem Boden stehen kann, wenn ich wieder mit der Arbeit beginne.

Du bist der Atem, der mich durchdringt. Ich will Atem holen, aufatmen, dich selbst einatmen, damit dein Atem meine Arbeit prägt, damit ich nicht kurzatmig werde, sondern mit deinem langen Atem all das erfülle, was nachher ansteht.

Beruhige du in der Pause all das, was in meiner Seele hochgekocht ist, damit ich mit kühlem Kopf an die Arbeit gehen kann.

Gebet in der Freizeit

Gütiger Gott, endlich ist Feierabend. Jetzt darf ich die freie Zeit genießen. Bewahre mich davor, die freie Zeit, die du mir geschenkt hast, zu verplanen und mit neuen Aktivitäten zu stopfen.

Ich will genießen, dass ich frei habe. Ich will die Freiheit spüren, nichts tun zu müssen. Wenn ich diese Freiheit in mir spüre, dann kann ich mich gerne auf das einlassen, was mich daheim bei meiner Familie erwartet oder was ich mit den Freunden vorhabe.

Lass alles, was ich in dieser Freizeit tue, den Geist der Weite atmen, der Lockerheit, der Freiheit, der Freude. Erfülle du mich mit deiner Freude, damit durch mich diese Freude weitergehen kann zu den Menschen, mit denen ich lebe.

Abendgebet

Guter Gott, ich danke dir für den vergangenen Tag. Du hast mir so viel geschenkt. Ich danke dir für die Begegnungen, die ich heute hatte, für die Gespräche, in denen ich das Geheimnis berührt habe, das uns alle umfängt. Die Arbeit ist mir heute leicht von der Hand gegangen. Ich danke dir für das, was mir heute geglückt ist. Ich danke dir für alles, was du mir heute in die Hand gelegt hast und was ich anderen weitergeben durfte.

So lege ich mich dankbar nieder und vertraue mich deinen guten Händen an. Sende mir auch heute Nacht deinen Engel, damit er mich behütet und über mich wacht. Er soll mir gute Träume schicken, die mir neue Wege weisen für den morgigen Tag.

In dieser Nacht trägst du mich

Guter Vater. Der Tag ist heute an mir einfach vorübergegangen. Ich war nicht bei mir. Ich habe einfach vor mich hingelebt.

So will ich wenigstens jetzt am Abend dir diesen Tag nochmals hinhalten. Nimm du ihn so, wie er war. Wenn du ihn annimmst, dann vermag ich mich auch mit ihm zu versöhnen.

Ich verzichte darauf, mir Vorwürfe zu machen. Er war, wie er war. Wenn er in deinen Händen liegt, dann ist es gut. Dann kann ich ihn mit ruhigem Gewissen loslassen. Und ich kann mich jetzt in deine Hände fallen lassen.

In dieser Nacht trägst du mich mit deinen guten und zärtlichen Händen. Es tut gut, sich in deiner Liebe zu bergen. So kann ich ruhig schlafen und darauf vertrauen, dass du mich in dieser Nacht stärkst für den neuen Tag, an dem du mir eine neue Chance gibst, alles anders zu machen und von Neuem zu beginnen.

So lass mich jetzt in Ruhe schlafen.

Gebet zur Nacht

Barmherziger Gott, die Nacht breitet sich über mich, über mein Haus, über meinen Alltag, über meine Stadt, ja über die ganze Welt.

Segne diese Nacht, dass es für mich und für die Menschen, mit denen ich mich verbunden fühle, eine gesegnete Nacht wird, dass sie den inneren Lärm mit ihrer Stille vertreibt und die Unruhe meines Herzens zur Ruhe bringt.

Decke du in dieser Nacht zu, was uns trennt, damit uns die Dunkelheit und Stille nun auf einer tieferen Ebene miteinander verbindet. Ermögliche uns in unseren festgefahrenen Konflikten durch diese Nacht einen neuen Anfang.

Segne diese Nacht, dass ihre Stille den aufgewühlten Menschen Frieden schenkt, durch Christus unsern Herrn.

Gebet vor dem Einschlafen

Guter Gott, ich liege im Bett und lege mich in deine guten Hände.

Lass mich dort getrost und voll Vertrauen geborgen sein. Ich berge mich in deine liebevollen Arme, wie ein Kind sich in die Arme seiner Mutter birgt.

Umhülle mich in dieser Nacht mit deiner Liebe und deinem Frieden. Befreie mich von all dem Druck, unter den ich mich immer wieder stelle.

Schenke mir die Fähigkeit, mich einfach in deine Arme fallen zu lassen, im Vertrauen, dass du mich auffängst und bei dir ruhig schlafen lässt.

Zeiten der Freude

Gott legt mir Freude ins Herz

»Du legst mir größere Freude ins Herz, als andere haben bei Korn und Wein in Fülle«, sagt der Dichter des Psalm 4. Wenn wir ein Fest feiern mit vielen guten Speisen und mit köstlichen Weinen, dann sind wir froh. Freude kommt in uns auf, wenn wir den Wein genießen und uns gegenseitig zutrinken.

Doch der Psalmist meint, diese Freude sei nichts im Vergleich zu der Freude, die Gott uns ins Herz legt. Was ist das für eine Freude? Es ist eine Freude darüber, dass Gott sich um mich kümmert, dass ich von ihm geliebt und angenommen bin. Es ist aber auch eine Freude über all die Wohltaten, die Gott mir Tag für Tag schenkt, eine Freude über meine Gesundheit, eine Freude über die Begegnung mit einem Menschen, eine Freude über ein Wort Gottes, das mich im Herzen berührt, eine Freude über einen Gottesdienst, der mich eintaucht in das Geheimnis der göttlichen Liebe, eine Freude über den Augenblick der Stille, in der ich den Grund des Seins berühre. Und es ist die Freude über das reine Sein, über den Augenblick, in dem ich einfach bin, ohne begründen oder rechtfertigen zu müssen, was ich gerade tue oder bin.

Die Freude, die Gott mir ins Herz legt, ist wie eine Quelle, die auf dem Grund meiner Seele sprudelt. Die Freude ist immer da. Aber oft sind wir abgeschnitten von ihr. Da brauchen wir solche Worte wie im Psalm 4, damit wir wieder mit dieser Quelle der Freude in Berührung kommen.

Diese Freude kann uns von niemand genommen werden. Auch kein Leid oder keine Krankheit vermag uns diese Freude zu rauben. Sie ist eine unerschöpfliche Quelle in unserer Seele, eine göttliche Quelle. Es ist letztlich eine göttliche Freude, oder wie Jesus im Johannesevangelium sagt, »eine vollkommene Freude« (Joh 16,24), die uns niemand nehmen kann.

Eine Spiritualität der Schönheit

Das Schöne bringt noch einen anderen Zug in meine Spiritualität. Es ist eine empfangende Spiritualität und eine optimistische Spiritualität. Sie klingt nicht nach Arbeit wie etwa die asketische Spiritualität. Sie lässt sich vom Schönen überraschen. Allerdings verlangt auch diese Spiritualität unser Tun. Denn es braucht Achtsamkeit, um das Schöne wahrzunehmen. Und es bedarf unserer Ehrfurcht. Ohne Ehrfurcht verbirgt sich das Schöne vor unseren Blicken. Die Spiritualität der Schönheit ersetzt auch nicht die anderen Formen der Spiritualität. Aber sie ergänzt sie und gibt ihnen einen Geschmack von Freude und Liebe. Denn wie Thomas von Aquin sagt: »Pulchra sunt quae visa placent. – Schön ist das, was als Erschautes gefällt.«

Das Schöne gefällt, erfreut. Und das Schöne ruft Liebe hervor. Aber das Schöne ist nicht ein moralischer Appell, dass wir einander lieben sollen. Es weckt vielmehr die zweckfreie, noch nicht auf irgendein »Objekt« gerichtete Liebe in uns. Im Schönen – so lesen wir bei Simone Weil – begegnet uns das zärtliche Lächeln Jesu.

Schönes schaffen, Freude schenken

Aber wir bestaunen und bewundern nicht nur das Schöne, das uns von außen begegnet und in dem uns letztlich Gottes Urschönheit anlächelt. Wir können auch Schönes herstellen. Wir können den Tisch schön decken, das Zimmer für unsere Gespräche schön herrichten, uns schön anziehen und im Handwerk oder in der Kunst schöne Dinge schaffen. Wir können das Leben schöner machen. Wir begegnen nicht nur der schönen Schöpfung. Wir sind auch selbst Schöpfer des Schönen. Wir können diese Welt schön machen, in ihr eine Spur der Schönheit eingraben. Und damit können wir einen wesentlichen Beitrag leisten zur Humanisierung der Welt, aber auch zur gesundheitlichen Vorsorge für die Menschen. Denn das Schöne bringt den Menschen in Berührung mit dem Heilen und Schönen in seiner Seele. Das Schöne ist heilsam für unsere Seele.

Freude an der Schönheit der Schöpfung

Die Schönheit der Schöpfung wahrzunehmen, wie sie uns in der Natur begegnet, vor einer schönen Blume einfach stehen zu bleiben – wie es der katholische Alttestamentler Fridolin Stier immer wieder getan hat –, das ist ein wesentlicher Aspekt christlicher Spiritualität. Schönheit tut uns gut. Die Schönheit Gottes leuchtet uns täglich in der Schöpfung auf. Daher ist die Schöpfung mit ihrer Schönheit ein wichtiges Heilmittel für die menschliche Seele. Aber der Kolosserbrief sagt uns, dass wir in der Schöpfung Jesus Christus und seiner Schönheit begegnen. Er ist »das Ebenbild des unsichtbaren Gottes, der Erstgeborene der ganzen Schöpfung« (Kol 1,15).

Die Schönheit Gottes und der Welt genießen

Die Schönheit der Welt kann dazu führen, dass wir uns von Gott abwenden. Aber die Schönheit kann auch zum Weg werden, der uns zu Gott zurückführt. Es kommt nur darauf an, mit welchen Augen wir die Schönheit schauen: mit Augen, die in der Schönheit Gottes Herrlichkeit erkennen, oder aber mit Augen, die bei der Schönheit der Welt stehen bleiben und sie nicht mehr als Spiegel für Gottes Schönheit sehen.

Der Freude Ausdruck geben

Nachdem der Psalmist alle Wunder der Schöpfung aufgezählt hat, bricht er in Jubel aus: »Ewig währe die Herrlichkeit des Herrn, es freue sich der Herr seiner Werke! Singen will ich dem Herrn, solange ich lebe, meinem

Gott will ich spielen, solange ich bin. Möge ihm mein Dichten gefallen!« (Ps 104,31.33f)

Die Reaktion auf die Schönheit der Schöpfung ist die Freude, aber auch das Dichten. Unser menschliches Beschreiben und Dichten soll die Schönheit der Schöpfung zum Leuchten bringen. Die Griechen haben für Schöpfung und Dichtung das gleiche Wort: Poiesis. Was Gott geschaffen hat, soll im menschlichen Wort neu geformt werden. Die Psalmen und Hymnen, mit denen wir Gott loben, sind Schöpfungen von Künstlern, die sich von Gottes Schönheit ergreifen ließen.

Eine heitere Spiritualität

Manchen, die einen besonderen Blick für das Schöne haben, geht es ähnlich wie dem hl. Franziskus. Seine Brüder meinten, ein Sterbender müsse ernst bleiben. So meinen heute viele, Spiritualität sei etwas Ernstes. Wir müssten uns vor allem der Schuld stellen und uns um Versöhnung bemühen. Doch die Spiritualität der Schönheit hat etwas Heiteres an sich. Das Schöne gefällt. Die Spiritualität der Schönheit lebt vom Gefallen und nicht von der Ablehnung, vom Wahrnehmen der Schöpfung und meiner selbst und nicht vom Verändern. Sie ist nicht etwas Todernstes, sondern etwas Fröhliches, weil das Schöne in uns Freude hervorruft.

Zeiten der Dankbarkeit

Dankgebet am Morgen

Barmherziger und guter Gott. Ich danke dir für diesen Morgen. Du lässt mich wieder gesund aufstehen, um diesen neuen Tag zu leben. Segne diesen Tag.

Segne das Werk meiner Hände, damit alles, was ich in die Hand nehme, zum Segen wird für die Menschen.

Segne die Menschen, die mir lieb sind, mit denen ich mich verbunden fühle, meine Familie, meine Freunde.

Segne die Menschen, denen ich heute begegnen werde, dass die Begegnungen uns Segen bringen, dass jeder von uns bereichert aus der Begegnung herausgeht.

Segne die Menschen, denen es heute schwerfällt, aufzustehen, weil sie Angst haben vor diesem neuen Tag.

Segne die, die nicht aufstehen können, weil sie krank sind. Halte deine segnende und schützende Hand über sie.

Segne die Menschen, die mich verletzt haben, denen ich nicht gerne begegne, weil ich mich in ihrer Nähe unwohl fühle. Schenke ihnen deinen Frieden. Lass mich, wenn ich ihnen heute begegne, immer daran denken, dass deine segnende Hand auch sie begleitet.

So segne diesen Tag und alles, was mir heute widerfährt, damit ich in allem deinen Segen erkenne und erfahre.

Dankbarkeit als Fundament der menschlichen Beziehungen

Dankbarkeit macht den Menschen aus. Der Undankbare ist nicht wirklich Mensch. Schon die Römer haben sich viele Gedanken über die Dankbarkeit gemacht. Für den römischen Philosophen Cicero (106–43 v. Chr.) ist sie die wichtigste Eigenschaft des Menschen. Sie ist Voraussetzung für die »concordia«, für die Gemeinschaft, für die Eintracht, für das Zusammenklingen der Herzen. Und das Fehlen der Dankbarkeit bedroht für ihn die Menschlichkeit, die »humanitas«.

Nur dankbare Menschen können Freundschaft eingehen und miteinander Gemeinschaft leben.

Dankbar für die Schönheit der Natur

Wenn ich durch die Natur wandere, dann freue ich mich an der Schönheit Gottes, die in der Natur sichtbar wird. Ich bin dankbar für die Wiesen, die ich betrachte, für den weiten Blick in die Landschaft, für die Berge, die aufragen, die Ruhe, die die Landschaft ausstrahlt. In dieser Schönheit der Landschaft begegne ich Gott. Da lasse ich mich einfach von Schönheit umfangen. Und ich spüre, wie das meiner Seele und meinem Leib guttut.

Dankbares Genießen

Jesus steht für eine Spiritualität des Genießens. Doch er macht in seinem Leben die schmerzliche Erfahrung, dass seine Spiritualität nicht verstanden wird. Die Leute haben sich nicht darauf eingelassen, ebenso wenig auf die asketische Spiritualität Johannes des Täufers. Jesus beklagt sich: »Johannes der Täufer ist gekommen, er isst kein Brot und trinkt keinen Wein, und ihr sagt: ›Er ist von einem Dämon besessen.‹ Der Menschensohn ist gekommen, er isst und trinkt; darauf sagt ihr: ›Dieser Fresser und Säufer, dieser Freund der Zöllner und Sünder!‹ Und doch hat die Weisheit durch alle ihre Kinder recht bekommen« (Lk 7,33–35).

Jesus trinkt voller Dankbarkeit den Wein, den Gott dem Menschen geschenkt hat. Und er zeigt damit den Sündern und Zöllnern, die sich an diesen Geschenken Gottes erfreuen und sie genießen, einen Weg der Umkehr: einen Weg, diese guten Gaben in Dankbarkeit von Gott anzunehmen. Das Genießen ist für Jesus der Weg zu Gott, der Weg, der in die Liebe Gottes hineinführt.

Dankbar empfangen

Ursprünglich ist das Empfangen nichts Passives, sondern ein aktives Aufnehmen dessen, was mir entgegenkommt. Andererseits wird Empfangen auch als das passive Hinnehmen einer Wohltat verstanden, die uns erwiesen wird. Und wir sprechen von Empfangen im Sinne von Schwangerwerden. Alle drei Bedeutungen sagen etwas über die Spiritualität der Schönheit aus.

Wir nehmen aktiv das in uns hinein, wir nehmen in unser inneres Seelenhaus auf, was uns in der Schönheit des Seins, in der Schönheit der Natur oder der Kunst entgegenkommt. Wir empfangen in der Schönheit die Wohltat Gottes. Wir öffnen unsere Hände, damit wir die Schönheit aufnehmen können. Und indem wir die Schönheit in uns aufnehmen, werden wir schwanger davon, wird die Schönheit unseren Leib und unsere Seele verwandeln. Es wächst etwas Neues in uns. Wir werden fruchtbar.

Zu diesem dreifachen Sinn des Empfangens gehört aber auch die Dankbarkeit. Danken kommt von denken. Wenn wir richtig denken, wenn wir über die Welt angemessen nachdenken, dann werden wir dankbar für die Schönheit, die uns in allem begegnet. Täglich dürfen wir Schönes empfangen. Wir schauen mit den Augen ständig das Schöne, das in allem verborgen ist. Wir hören schöne Worte und schöne Musik. Wir sind dankbar für all das Schöne, das uns entgegenkommt und uns täglich geschenkt wird. Die Dankbarkeit ist eine wesentliche Haltung christlicher Spiritualität. Der Höhepunkt christlicher Gottesdienste ist die Eucharistie, die Danksagung für die schönen Werke Gottes, für das schöne und gute, für das angemessene und heilsame Handeln Gottes in Jesus Christus.

Dankgebet vor dem Essen

Vater im Himmel, du schenkst uns dieses Essen. Wir haben reichlich zu essen. Und wir sind dankbar, dass du uns Gaben schenkst, die uns guttun.

Wir danken dir auch für die Tischgemeinschaft. Du selbst bist in unserer Mitte. Du bist die Klammer, die uns zusammenhält.

Lass uns nun gemeinsam deine Gaben genießen und dankbar sein für unsere Gemeinschaft. Es ist schön, miteinander zu essen und das Leben zu genießen, das du uns täglich schenkst.

Gib allen Menschen, was sie zum Leben brauchen. Lass uns in unserer Gemeinschaft aber auch die nicht vergessen, die alleine essen müssen, weil sie niemanden haben, der für sie Zeit hat. Sei du auch bei ihnen.

Ich danke dir für jeden Augenblick

Ich danke dir für jeden Augenblick, denn in jedem Augenblick bist du bei mir.

In jedem Augenblick willst du mich beschenken: mit der Schönheit der Natur, die mich erfreut, mit Begegnungen, die mich berühren, mit Worten, die mir den Weg weisen, mit einem freundlichen Blick, der mein Herz öffnet.

Ich danke dir, dass du mich so geschaffen hast, wie ich bin: einzigartig und einmalig. Du hast mich berufen, etwas von dir in dieser Welt auszudrücken, was nur durch mich ausgedrückt werden kann.

Darum danke ich dir für dieses Leben, für jeden Augenblick, in dem ich atmen, fühlen, lieben und mich freuen kann.

Ich danke dir, dass du bei mir bist und mich bedingungslos annimmst, auch wenn mir das gerade nicht so leichtfällt.

Ich bitte dich, dass ich dankbar durch das Leben gehe und durch meine Dankbarkeit auch den Menschen um mich herum die Augen öffne für das Geheimnis ihres Lebens.

Ich danke dir, dass ich dein Kind bin

Vater im Himmel, dein Sohn Jesus Christus hat uns gelehrt, dich mit dem vertrauten Namen »Abba, lieber Vater« anzusprechen.

Ich danke dir, dass ich dein Kind bin und nicht mehr ein Sklave, der an seiner Leistung gemessen wird.

Lass mich in der Freiheit der Kinder Gottes leben und aus dem Vertrauen, dass du als mein Vater mir das Rückgrat stärkst und den Rücken freihältst, damit ich das Leben in Freiheit wage, das du mir geschenkt hast: ein Leben in Fülle, ein buntes und lustvolles Leben.

Du schenkst uns deinen Heiligen Geist

Unbegreiflicher Gott, im Gebet schenkst du uns deinen Heiligen Geist, dass er uns verwandelt und verklärt.

Ich danke dir für alle Augenblicke der Verklärung, die ich in meinem Leben erfahren durfte, für jedes Wort, das sich mir verklärt, für jeden Blick der Liebe, der mich verwandelt hat, für die Momente, da mir alles klar geworden ist und ich Ja sagen konnte zu meinem Leben, zu meiner Geschichte, zu dieser Welt, in die du mich gestellt hast.

Dank für die Schöpfung

Allmächtiger und ewiger Gott, Schöpfer der Welt. Ich bin in deiner Schöpfung, genieße das Grün der Wiesen und die Ruhe der Wälder.

Die Natur ist von deinem Geist durchdrungen. Ich erlebe in der Lebendigkeit der Natur dein göttliches Leben, das alles um mich herum durchdringt. In der Natur erlebe ich, dass dein göttliches Leben auch in mich strömt und mich lebendig macht.

In der Schönheit der Landschaft schaue ich deine Schönheit, in der Zärtlichkeit der Blumen deine Zärtlichkeit, in der Ruhe der sanften Hügel deine göttliche Ruhe und Sanftheit.

Ich danke dir für das Geschenk der Natur. In ihr kann ich mich erfrischen. In ihr komme ich mit meiner eigenen Lebendigkeit in Berührung. Und ich spüre, dass durch die Blumen und Bäume hindurch deine Liebe zu mir strömt und mich erfüllt.

Dafür danke ich dir durch Jesus Christus, durch den du alles geschaffen hast, was ist.

Dank des Wanderers

Guter Gott, ich habe mich auf den Weg gemacht.

Ich schreite aus. Ich genieße es, zu wandern. Im Gehen schaue ich auf das, was sich mir auf dem Weg zeigt.

Die Landschaft zeigt mir immer wieder ihr neues Gesicht. Ich höre auf das, was mich umgibt: auf das Singen der Vögel, auf das Rauschen des Windes, auf das Plätschern des Baches. Die Geräusche sind kein Lärm – sie beruhigen mich.

Ich rieche den Duft der Bäume und den Duft der Landschaft. Ich weiß nicht, wie er sich zusammensetzt. Aber jede Landschaft hat ihren eigenen Duft. Auch jede Witterung riecht anders. In der Sonne riecht die Landschaft anders als während des Regens oder nach einem erfrischenden Regenschauer.

Ich danke dir, dass ich durch deine Welt wandern darf, dass du mich überall umgibst mit deiner Schönheit und Lebendigkeit.

So gehe ich und freue mich an deiner Gegenwart.

Zeiten der Liebe

Die Liebe ist ein Geheimnis

Die Liebe bleibt immer ein Geheimnis, das die Menschen nie ganz verstehen. Wir sind dankbar für das Geschenk der Liebe. Traurigkeit überfällt uns jedoch, wenn unsere Sehnsucht nach Liebe nicht erfüllt wird. Liebe vermag zu verzaubern, aber sie schlägt auch viele Wunden. Jeder weiß, was Liebe bedeutet. Dennoch tun wir uns zugleich schwer, wirklich zu lieben. Es braucht eine eigene Kunst, um Liebe zu lernen.

Wir haben im Deutschen nur das eine Wort »Liebe«, um ihr Geheimnis zum Ausdruck zu bringen: die Liebe zwischen Mann und Frau, die Liebe der Eltern zu ihren Kindern, die Liebe zwischen Freunden, die Nächstenliebe, die Liebe zu sich selbst, die Liebe Gottes zu uns und unsere Liebe zu Gott. All diese verschiedenen Formen von Liebe haben offensichtlich einen gemeinsamen Kern.

Liebe ist kein Besitz

Sein und Liebe sind miteinander eins. Ich kann Liebe nicht einfach haben wie einen Besitz. Vielmehr geht es darum, Liebe zu sein und durch die Liebe ein neues Sein zu erfahren. Wer sich in der Liebe für den anderen öffnet, der hat teil am absoluten Sein als Liebe.

Liebe ist wirkmächtig

Liebe vermag unser Leben zu wandeln. Sie bringt nach außen hin Frucht und wird so zum Segen für diese Welt. Die Liebe verwandelt nie nur mein eigenes Herz, sondern immer auch das Miteinander der Menschen. Sie ist wie ein Sauerteig, der in die Gesellschaft hineinwirkt, wie ein Licht, das das Dunkel dieser Welt erhellt.

Der Optimismus der Liebenden

Die Liebe zeigt sich nach außen zu den Menschen als gut und gütig. Und daher weckt sie im anderen das Gute. Sie behandelt ihn gut, sie berührt ihn mit liebevollen Händen. Die Liebe vertraut darauf, dass sie den anderen in seinem Inneren bewegt, das Gute in ihm hervorruft und ihn mit dem guten Kern in Berührung bringt, der unterhalb von allen Abwehrmechanismen in jedem Menschen steckt.

Liebe ist daher immer auch optimistisch. Die Liebe gibt keinen Menschen auf. Sie glaubt, dass selbst in dem, der andere verletzt, der voller Bosheit und Härte ist, die Sehnsucht nach Liebe ist, die Sehnsucht nach Gutsein. Und indem die Liebe an diesem Glauben und an dieser Hoffnung festhält, vermag sie im anderen das Gute hervorzulocken. Es braucht oft lange, bis ein Mensch, der sich verschlossen hat, mit seinem guten Kern in Berührung kommt. Aber die Sehnsucht nach dem Guten ist in jedem. Die Liebe vermag diese Sehnsucht zu wecken.

Die Gipfelerfahrung der Liebe

»Leg mich wie ein Siegel auf dein Herz, wie ein Siegel an deinen Arm! Stark wie der Tod ist die Liebe, die Leidenschaft ist hart wie die Unterwelt. Ihre Gluten sind Feuergluten, gewaltige Flammen. Auch mächtige Wasser können die Liebe nicht löschen; auch Ströme schwemmen sie nicht weg. Böte einer für die Liebe den ganzen Reichtum seines Hauses, nur verachten würde man ihn.«

Diese Beschreibung der Liebe aus dem Hohen Lied (8,6f.) zeigt uns, welche Gipfelerfahrung die Liebe sein kann. Sie reißt uns heraus aus dem Trott des Alltäglichen und erfüllt uns mit Lebendigkeit. Wir sind in der Liebe verwandelt. Da glüht alles in uns, und alles in uns blüht auf. So ist die Liebe das Höchste, was den Menschen auszeichnet, und das größte Geschenk, das uns Gott gewährt hat. Sie zu erfahren ist die größte Gipfelerfahrung, die wir machen dürfen.

Jeder von uns hat schon Liebe erfahren, auch wenn die Liebe zu einem Menschen nicht immer erwidert worden ist. Aber die Fähigkeit zu lieben ist in jedem. Und die Sehnsucht nach Liebe kennt auch jeder. In der Sehnsucht nach Liebe – so sagt de Saint-Exupéry – ist schon Liebe. Statt zu jammern, dass unsere Liebe nicht immer erwidert wird, sollen wir die Liebe genießen, die auf dem Grund unserer Seele immer da ist, auch wenn wir sie nicht immer spüren. Durch die Sehnsucht nach Liebe und durch konkrete Liebeserfahrungen kann diese Quelle in uns immer wieder aufsteigen, so dass sie das ganze Bewusstsein durchdringt. Dann fühlen wir uns verwandelt und voller Glut und Kraft.

Liebe und Egoismus

Jeder will mit seiner Liebe auch etwas erreichen. Er will gut dastehen. Oder er will sich zumindest gut fühlen, indem er sich sagt: »Jetzt war ich selbstlos.« Es wäre fatal, diese Gedanken aus sich völlig herauszureißen. Sie werden sich dann subtil in meine selbstlose Liebe hineinmischen. Realistischer ist es dagegen, sich seiner Bedürfnisse bewusst zu werden und sich vorzusagen: »Ja, ich will auch etwas für mich. Aber jetzt in diesem Augenblick versuche ich, durchlässig zu sein für die Liebe, die in mir ist, für die ich mir nichts einbilden kann, die mir vielmehr von Gott geschenkt ist als Gabe und Aufgabe.« Dann werde ich demütig um meine eigene Bedürftigkeit wissen und dennoch fähig, von mir und meinen Bedürfnissen abzusehen und mich jetzt ganz und gar auf den anderen oder auf Gott einzulassen.

Liebe macht doch nicht blind

Die Liebe ist kein Gefühl, das blind macht für die Wahrheit. Es gibt ja den Ausdruck »Liebe macht blind«. Wenn ich verliebt bin, dann kreise ich so sehr um das eigene Gefühl des Verliebtseins, dass ich blind werde für die

Realität des anderen. Ich verkläre und verherrliche ihn. Ich will nur das in ihm sehen, was mir guttut.

Echte Liebe freut sich an der Wahrheit, an der eigenen Wahrheit und an der Wahrheit des anderen. Nur die Liebe befähigt mich, dem anderen die Wahrheit zu sagen. Und ich kann auch meine eigene Wahrheit nicht mit einem bloß analytischen Blick anschauen. Ich brauche einen liebenden Blick, um mich meiner Wahrheit zu stellen. Der liebende Blick bewertet nicht. Er lässt die Wirklichkeit sein, wie sie ist.

Liebe und Sexualität

Das Hohelied des Alten Testaments ist eine Sammlung von wunderbaren Liebesliedern. Sie sind kunstvolle Dichtung. Da finden sich neckische Locklieder, in denen der Bräutigam die Braut lockt, ihm zu folgen. Da gibt es Gesänge, in denen der Freund die Schönheit der Freundin preist oder die Freundin den schönen und kraftvollen Körper des Freundes beschreibt. Da gibt es Wechselgespräche und Lieder voller Beschwörungen und Sehnsüchte. In all diesen Versen kommt zum Ausdruck, dass die erotische und sexuelle Liebe zwischen Mann und Frau eine übermächtige Kraft ist und zugleich eine wunderbare Gabe, die Gott dem Menschen geschenkt hat und die der Mensch in vollen Zügen genießen darf.

Die Liebe zwischen Mann und Frau trägt ihren Sinn in sich selbst. Sie erfüllt die Liebenden mit Sehnsucht und mit Glück. Diese Lieder sind frei von moralischer Bewertung oder gar ängstlicher Moralisierung der Sexualität. Da gehören Liebe und Sexualität innerlich zusammen. Die Freude über die Sexualität ist zugleich Ausdruck der Liebe, die Mann und Frau bezaubern.

Die Sehnsucht nach Liebe

Jeder von uns sehnt sich danach, zu lieben und geliebt zu werden. Doch oft haben wir Zweifel daran, ob wir wirklich geliebt werden. Auf der einen Seite wissen wir genau, dass Menschen uns geliebt haben und lieben. Aber immer wieder machen wir die Erfahrung, dass uns die Liebe, die wir erfahren haben, nicht genügt, dass sie nicht reicht, uns das Grundgefühl zu vermitteln: Ich bin geliebt. So brauchen wir die Zusage von einem anderen, der uns sagt: Du bist geliebt.

Liebe überwindet Konflikte

Manchmal scheint das Gefühl der Liebe zu zerrinnen. In solchen Situationen ist es wichtig, sich immer wieder an die erste Liebe zu erinnern und sich selbst zu bestätigen: Ich liebe meine Frau, meinen Mann, und ich weiß, dass er, dass sie mich liebt. Auch wenn es Auseinandersetzungen gibt: Ich kann mich auf diese Liebe verlassen. Ich weiß mich trotz meiner eigenen Fehler und Schwächen geliebt. Und ich liebe meinen Partner, meine Partnerin auch so, wie er/sie ist.

Durch die Krisen, die jede Liebe durchmacht, kann die Liebe wachsen und stärker werden. Wenn die Liebe die ersten Konflikte und Krisen bewältigt hat, gibt sie dir die Gewissheit: Ich muss mir die Liebe nicht erkaufen durch Wohlverhalten. Ich bin so geliebt, wie ich bin. Und auch ich bin bereit, den anderen so zu lieben. Wenn wir beide frei sind von dem Druck, uns beweisen oder dem anderen imponieren zu müssen, dann erst wird die Liebe zu einer Gewissheit, die uns keine Krise mehr nehmen kann.

Liebe und Tod

Zahlreiche Liebesromane enden im tragischen Tod eines der Verliebten oder gar beider Verliebter. Das Motiv von Liebe und Tod zeigt die innere Verbindung dieser beiden Pole.

Die wahre Liebe nimmt selbst den Tod in Kauf, weil ihr die Liebe mehr wert ist als das Leben. Und jede echte Liebe geht bis zum Tod, ja über den Tod hinaus. Gabriel Marcel, der katholische Philosoph aus Frankreich, sagte einmal: »Lieben, das heißt zum anderen sprechen: ›Du. Du wirst nicht sterben.‹«

Die Liebe ist stärker als der Tod. Das feiern wir Christen auch im Tod und in der Auferstehung Jesu.

Die Liebe ist ein Geschenk

Die Liebe ist immer ein Geschenk. Wenn mich jemand wirklich liebt, dann bewertet er mich nicht. Er liebt mich mit allem, was in mir ist. Natürlich ist die Liebe durchaus auch eine Herausforderung, an mir zu arbeiten. Wenn ich von einem Menschen geliebt werde, möchte ich auf diese Liebe antworten, indem ich ihn auch liebe. Und Lieben bedeutet dann, dass ich all meine negativen Emotionen wie Unzufriedenheit, Ärger, Aggression in Liebe verwandle.

Die Liebe muss ich mir nicht verdienen. Die Liebe bewertet mich nicht, sondern nimmt mich an, wie ich bin. Gerade weil ich mich nicht bewertet fühle, vermag ich mich zu ändern. Wenn der andere mich bewertet, dann muss ich mich entweder rechtfertigen. Oder ich muss gegen all das kämpfen, was der andere an mir verurteilt. Doch der Kampf gegen mich selbst führt nur dazu, dass ich in mir Gegenkräfte wecke, die mich an der Verwandlung hindern.

Verwandlung geschieht nur dort, wo jemand mich liebt, wie ich bin, ohne mich zu bewerten.

Das Wesen Gottes ist die Liebe

Die Liebe ist einfach da. Sie ist wie eine Quelle, die mich durchströmt. Auf einmal geht mir auf, was Johannes in seinem Brief schreibt:

»Gott ist Liebe. Und wer in der Liebe bleibt, bleibt in Gott, und Gott bleibt in ihm« (1 Joh 4,16).

Dann ist die Liebe mehr als ein Gefühl. Sie ist das Wesen Gottes. Und in der Liebe erfahre ich Gott selbst.

Zeiten der Geborgenheit

Geborgenheit in der Natur

In der Natur fühle ich mich geborgen, weil sie nicht bewertet. Sie hat etwas Mütterliches an sich. Und in ihr erahne ich, dass Gottes Segen mich immer und überall einhüllt wie ein schützender Mantel.

Die Schöpfung ist der große Segen Gottes für uns. Und wir sollten ihn dankbar genießen. Die Schuld des Menschen hat die Schönheit der Schöpfung nicht beeinträchtigt. Sie besteht nur darin, dass der Mensch die Schönheit der Schöpfung nicht wahrnimmt, dass er nicht staunend die Schönheit bewundert, sondern die Schöpfung für die eigenen Zwecke gebraucht und oft genug auch missbraucht.

Die Schuld des Menschen kann aber die Schöpfung nicht zugrunde richten. Die Schöpfung ist stärker. Sie regt sich auch da immer wieder, wo Menschen gegen die Natur verstoßen. Gegenüber der ausbeuterischen Sicht der Natur braucht es die kontemplative Schau, um die Schönheit der Natur wahrzunehmen. Es braucht ein Auge, das fähig ist zu staunen, und ein offenes Herz. Dann tut die Schönheit der Schöpfung unserer Seele und unserem Leib gut.

Häuser, die Geborgenheit schenken

In seinem Buch »Die Unwirtlichkeit unserer Städte« (erschienen 1965) beklagte Alexander Mitscherlich die Art und Weise, wie man in Deutschland und anderswo in den Sechzigerjahren Städtebau betrieb. Er meinte, die alten Städte hätten ein Herz gehabt (Mitscherlich: Die Unwirtlichkeit unserer Städte. Anstiftung zum Unfrieden. Frankfurt a. M. 1965, S. 19) Sie hätten eine mütterliche Geborgenheit vermittelt: »Die Stadt wird zur tröstlichen Umhüllung in Stunden der Verzweiflung und zur strahlenden Szenerie in festlichen Tagen« (ebd. S. 31).

Mitscherlichs Ruf ist nicht ungehört verhallt. Heute entwickeln viele Menschen mehr Fantasie, um ihren Städten wieder ein Herz zu geben.

Der irische Schriftsteller John O'Donohue übersetzt das griechische Wort »architekton« mit »Weben einer höheren Ordnung«. Und er meint, in der Architektur stecke »der Wunsch, in Schönheit zu wohnen« (O'Donohue: Schönheit. Das Buch vom Reichtum des Lebens. München 2004).

Die Architektur erfüllt diese Sehnsucht, in Schönheit zu wohnen, indem sie die innere Ordnung der Natur widerspiegelt. Wir spüren in einem Gebäude, ob es etwas von dieser inneren Ordnung aufzeigt. Wir fühlen uns wohl und wirklich zu Hause, wenn das Haus harmonisches Ebenmaß besitzt und den Rhythmus der Natur zeigt.

Daheim sein

Beim Wohnen geht es nicht nur um große und schöne Häuser, sondern auch darum, mein Haus in ein Heim zu verwandeln, in dem ich mich daheim fühle. Wenn ich in meinem Haus nicht nur wohne, sondern daheim bin, dann wird der Gast spüren: Die ganze Wohnung ist Ausdruck des Gastgebers. Da erkenne ich seinen Geschmack. Wie jemand wohnt, das sagt etwas aus über sein Gespür für Schönheit, für Kultur, für Einfachheit oder auch für Geborgenheit und Liebe.

Zur Schönheit des Wohnens gehört auch die Solidarität mit der Familie. In meiner Wohnung soll meine Familienzugehörigkeit offenbar werden. Da wird sichtbar, dass ich meine Vorfahren ehre. Das wird für den Gast sichtbar in den Bildern und Erinnerungsstücken meiner Vorfahren, aber auch in der Art und Weise, wie ich das von den Vätern Ererbte achte und pflege.

Zeiten der Zuversicht

Die Zuversicht der Blumen und Vögel

Im Matthäusevangelium verwendet Jesus zwei Bilder, an denen wir das Vertrauen und die Zuversicht lernen sollen. Das Bild der Vögel, die nicht säen und ernten, hat die Arbeit des Mannes im Blick. Und mit dem Bild der Feldblumen, die nicht spinnen, reagiert Jesus auf eine traditionelle Arbeit der Frauen (Mt 6,25–33). Er meint nicht, dass Männer und Frauen aufhören sollen zu arbeiten. Aber sie sollen es mit dem Vertrauen und der Leichtigkeit der Vögel tun, die ihrem himmlischen Schöpfer danken für die Gaben, die er ihnen schenkt.

Und sie sollen es mit dem Vertrauen der Pflanzen tun, die einfach heranwachsen. Gott lässt auch in uns etwas wachsen. Wir sollen uns nur für seinen Geist öffnen. Das, was in uns wächst, wird stärker sein als das ständige Sich-Sorgen. Die Angst, nicht genügend zu haben, mit unserer Arbeit unsere Existenz nicht sichern zu können, verfälscht unsere Arbeit.

Es geht nicht darum, nicht mehr zu arbeiten, sondern im Vertrauen zu arbeiten, dass Gott das Werk unserer Hände segnet. Und vor allem soll es uns um das Reich Gottes gehen. Wenn Gott im Mittelpunkt steht, dann bekommt auch unsere Arbeit ihr richtiges Maß, und wir werden sie mit der angemessenen Haltung vollziehen. Wir werden uns freuen am Werk unserer Hände, das Gott als Schöpfer nachahmen darf, aber wir sind frei von der ängstlichen Sorge, ob alles für unseren Lebensunterhalt und unsere vielfältigen Bedürfnisse reicht.

Mit Gelassenheit arbeiten, mit Gelassenheit für die finanzielle Zukunft der Familie sorgen, darum geht es Jesus. Und diese Gelassenheit ist eine Kraftquelle.

Von Gott begleitet

Für die Israeliten war der Auszug aus Ägypten die Grunderfahrung ihres Lebens. Sie waren dort Fremde und sind nun durch die Wüste ins Gelobte Land gezogen, in dem sie Heimat gefunden haben. Sie haben sich auf ihrem Weg nicht allein gelassen gefühlt. Immer war es Gott, der mit ihnen durch die Wüste gegangen ist. Und dieser Gott – so vertrauten sie – würde auch in Krisenzeiten immer mit ihnen gehen.

Wenn Gott mit den Menschen geht, dann können sie aufrecht gehen, erlöst, befreit Den Verbannten in der babylonischen Gefangenschaft verheißt Jahwe, dass er mit ihnen gehen wird, ganz gleich, durch welche Gefahren ihr Weg führt: »Schreitest du auch durch Wasser, ich bin bei dir, durch Ströme, sie schwemmen dich nicht fort; gehst du durchs Feuer, du wirst nicht versengt, und die Flamme verbrennt dich nicht!« (Jes 43,2)

Der Blick auf Jesus schenkt Zuversicht

Der Hebräerbrief mahnt die müde gewordenen Christen: »Lasst uns mit Ausdauer in dem Wettkampf laufen, der uns aufgetragen ist, und dabei auf Jesus blicken, den Urheber und Vollender des Glaubens« (Hebr 12,1f).

Christsein heißt: Hoffnung zu haben, voller Hoffnung seinen Weg zu gehen und sich auf den Kampf des Lebens einzulassen. Der Hebräerbrief versteht das Leben als Wettkampf. Von diesem Bild geht Kraft aus. Es lockt mich heraus, mich auf diesen Wettkampf einzulassen. Dabei schenkt mir der Blick auf Jesus, den Urheber und Vollender des Glaubens, die Zuversicht und die Hoffnung, diesen Wettkampf zu bestehen.

Das Kreuz als Zeichen unserer Zuversicht

Die christliche Hoffnung hat ihren Grund im Kreuz Jesu Christi und in seiner Auferstehung. Das Kreuz steht für das Scheitern und für alles, was uns im Leben durchkreuzt. Manche Menschen versäumen das Leben aus Angst vor dem, was ihnen von außen widerfahren kann. Sie haben den Eindruck, dass sie ihr Leben nicht planen können. Weil es ständig von äußeren Faktoren abhängt, daher geben sie jedes Planen für die Zukunft auf. Sie leben nur in den Tag hinein. Doch das Kreuz mündet in der Auferstehung.

Es ist für uns Christen das Zeichen der Hoffnung, dass es nichts gibt, was nicht verwandelt werden kann, dass es keine Dunkelheit gibt, die nicht erleuchtet wird, kein Scheitern, das nicht zu einem Neuanfang werden kann, keinen Tod, der nicht in Leben verwandelt wird.

Viele Menschen bleiben vor dem Kreuz stehen. Weil es so viele Kreuze im Leben gibt, meinen sie, dass es sich nicht zu leben lohnt. Doch das Kreuz ist für uns Christen gerade die Herausforderung, das Leben zu wagen. Auch wenn bei diesem Wagnis das Kreuz meine Pläne durchkreuzt, wird sich das Wagnis lohnen. Das Kreuz wird durch die Auferstehung überwunden.

Worte in schwierigen Zeiten

Zeiten der Suche

Beständige Wanderschaft

Als Menschen sind wir immer auf dem Weg, immer unterwegs. Wir können nicht stehen bleiben. »Wer rastet, rostet«, sagt ein Sprichwort. Das ist kein Wort gegen das Rasten auf dem Weg, denn das gehört zum Wandern. Doch wir können nicht immer stehen bleiben. Wir müssen wieder weitergehen. Unser Leben ist eine beständige Wanderschaft. Nur wer auf dem Weg bleibt, wer ein Gehender bleibt, dem geht das Geheimnis seines Lebens auf, nur der entgeht der leeren Routine.

Auf das ewige Zuhause zugehen

Als Menschen sind wir wesentlich Wanderer. Und diese Erde ist nicht unsere letzte Heimat. Wir gehen als Glaubende unseren Weg, nicht als Schauende, sagt Paulus (2 Kor 5,7). Aber indem wir gehen, ahnen wir, dass wir auf ein ewiges Zuhause zugehen.

Gebet um Rat und Erkenntnis

Barmherziger Vater, ich bin ratlos, was ich machen soll. Soll ich zu meinem Arbeitskollegen gehen und das Problem, das ich mit ihm habe, ansprechen? Oder wird er so reagieren, dass unsere Beziehung nur noch schlechter wird?

Schenke du mir dort Rat, wo ich keinen weiß. Zeige mir, was ich tun soll, was für mich und für den anderen das Beste ist.

Ich spüre, dass ich es selbst nicht erkennen kann. Ich brauche deinen Rat, der mich befähigt, das Richtige zu tun. Ich brauche deinen Geist des Rates, den du uns im Heiligen Geist versprochen hast. Dann werde ich voll Vertrauen das Richtige tun.

Im Labyrinth

Guter Gott, dieses Labyrinth erinnert mich an die vielen Wege meines eigenen Lebens.

Oft sind diese Wege verworren. Ich weiß nicht, wohin der Weg mich führt, auf dem ich gerade gehe. Aber bei diesen vielen Kurven, die ich hier gehe, habe ich doch das Vertrauen, dass sie in die Mitte führen und aus der Mitte wieder heraus in die Weite.

Schenke du mir die Hoffnung, dass alle Wege, die ich hier in meinem Leben gehe, mich immer mehr in meine Mitte führen, zu meinem wahren Selbst, zu dem inneren Raum der Stille, in dem du selbst in mir wohnst.

Lass mich darauf vertrauen, dass alle Wege zum Ausgang führen, der mich in die Weite und in die Freiheit und letztlich in dein göttliches Leben hineinführt.

Lass dieses Labyrinth für alle, die es beschreiten, zu einer tiefen Erfahrung ihres eigenen Lebens werden, das von dir umschlungen ist und dessen Wege durch alle Irrwege und Umwege hindurch zu dir führen, der du unser Heil und unser wahres Leben bist.

Zeiten der Entscheidung

Segen in einer Entscheidungssituation

Du stehst vor einer schwierigen Entscheidung. Du weißt nicht, wie du dich entscheiden sollst. Du hast Angst, du könntest eine falsche Entscheidung treffen. Und du hast Angst vor der Reaktion der anderen Menschen.

Gott segne dich vor der Entscheidung und in der Entscheidung. Und Gottes Segen lasse deine Entscheidung zum Segen werden für dich und für die Menschen, die deine Entscheidung betrifft.

Das Wesen des Menschen ist Entscheidung

»Den Himmel und die Erde rufe ich heute als Zeugen gegen euch an. Leben und Tod lege ich dir vor, Segen und Fluch. Wähle also das Leben, damit du lebst, du und deine Nachkommen.«

Mit diesen Worten stellt Mose im Buch Deuteronomium (30,19) das Volk vor die Entscheidung. Er führt ihm Leben und Tod, Glück und Unglück vor Augen. Es liegt an ihm, ob es sich für das Leben und das Glück oder für den Tod und das Unglück entscheidet. Mose mahnt das Volk, sich für das Leben zu entscheiden, das Gott nicht automatisch schenkt: Gott verlangt vom Menschen schon diese Entscheidung. Ohne Entscheidung gelingt das menschliche Leben nicht.

Der Mensch – so sagt uns die Theologie – trifft nicht nur Entscheidungen, er ist seinem Wesen nach Entscheidung. Er lebt nicht einfach nur dahin. Das würde seinem Wesen widersprechen. Er muss eine Entscheidung für sich und sein geschichtliches Wesen treffen, sonst verfehlt er sein Menschsein. Der Mensch ist ein geschichtliches Wesen. Durch seine Entscheidungen prägt er seine Geschichte. Die Geschichte ist nicht einfach ein Computerprogramm, das abläuft, sondern sie wird durch diese Entscheidungen geformt. Der Mensch ist nicht einfach nur vorhanden, er muss vielmehr erst der werden, der er sein will und der er von seinem Wesen her ist. Er schafft durch seine Entscheidungen seine einmalige geschichtliche Existenz. Wir sind verantwortlich für uns und unser Leben. Wir gestalten durch Entscheidungen unser Leben.

Scheitern als Befreiung

Jesus fordert mich auf, meine Lebensgeschichte im Licht der Bibel neu zu sehen. Dann werde ich erkennen, dass alles gut war, wie es geschehen ist. Auch das, was mich durchgekreuzt hat; das Zerbrechen meiner Lebenspläne, das Scheitern meiner Träume, all das war gut so. Denn so bin ich frei geworden von meinen eigenen Vorstellungen und Erwartungen an das Leben. Das Scheitern hat mich für Gott geöffnet, für das, was Gott mit mir vorhat. Mein Leben war der Weg in das herrliche Bild, das Gott sich von mir ausgedacht hat. Es entspricht meinem wahren Wesen besser als die Bilder, die ich mir selbst übergestülpt habe, als das Bild meines Ehrgeizes und meiner Größenfantasien.

Neue Möglichkeiten

Gottes Segen verlässt dich nicht. Gottes Segen vermag alles, was dir von außen widerfährt und was deine Lebenspläne durchkreuzt, in einen Segen zu verwandeln. Am Anfang siehst du das noch nicht. Aber wenn du deinen Misserfolg unter den Segen Gottes stellst, erkennst du auf einmal, dass mitten im Misserfolg auch die Hoffnung steckt, dass dein Leben auf neue Weise gelingt.

Dir ist eine Vorstellung vom Leben zerbrochen. Aber jetzt bricht dich Gottes Segen auf für neue Möglichkeiten, die in dir stecken und die dir Gott bereithält. Vertraue auf diesen Segen Gottes. Er wird dein Missgeschick in Glück verwandeln und deinen Misserfolg in einen Erfolg, in ein Gelingen, das nicht nur für dich selbst, sondern auch für die Menschen um dich herum zum Segen wird.

Selbstvorwürfe führen nicht weiter

Manche beschuldigen sich selbst, wenn sie gescheitert sind. Sie denken, wenn sie achtsam genug gewesen wären, wenn sie genügend gebetet hätten, wären sie nicht gescheitert. Doch Selbstbeschuldigungen führen nicht weiter. Im Gegenteil, sie lähmen uns regelrecht. Die Vorwürfe, die wir gegen uns selbst erheben, lasten bald so schwer auf uns, dass wir uns kaum mehr bewegen können. Weitergehen können wir nur, wenn wir uns unser Scheitern eingestehen und es annehmen. Erst dann sind wir frei, neue Wege zu finden und sie auch zu gehen. Scheitern gehört zu unserem Leben. Statt uns zu beschuldigen, sollen wir das Scheitern als Chance nehmen, Abschied zu nehmen von Illusionen, die wir uns über uns und unser Leben gemacht haben, und einen neuen Anfang zu wagen.

Wir dürfen darauf vertrauen, dass Gott aus den Scherben unseres Lebenskonzeptes etwas Neues schafft, das unserem wahren Wesen mehr entspricht. Wir werden dann am Scheitern nicht zerbrechen, sondern aufgebrochen für das Geheimnis Gottes und unseres wahren Selbst und werden letztlich auch aufgebrochen für die Menschen.

Scheitern und Neuanfang

Immer wieder erleben wir auch ein Scheitern. Wir scheitern im Beruf, wir scheitern in einer Freundschaft, manchmal auch in der Ehe. Dann braucht es wieder den Wagemut, einen neuen Anfang zu wagen. Denn das Scheitern zerbricht mein Lebenskonzept. Nur auf dem Scherbenhaufen meiner gescheiterten Beziehungen sitzen zu bleiben, eröffnet mir keine Aussicht auf ein erfülltes Leben. Ich würde ständig nur jammern und in Traurigkeit und Selbstmitleid versinken, dass mir alles zerbrochen ist, was mir heilig war. Gerade in solchen Situationen des Scheiterns braucht es den neuen Anfang.

Die innere Kraftquelle

Viele fühlen sich kraftlos, wenn sie gescheitert sind. Ihnen ist ein Lebenstraum zerbrochen, der sie motiviert hat, an sich zu arbeiten und sich für das Leben anzustrengen. Doch jetzt ist der Lebenstraum zerbrochen. Sie fühlen sich wie gelähmt, ohne Macht und ohne Kraft. Sie können nicht einfach anfangen. Sie brauchen sicher Zeit, um einen neuen Anfang zu wagen. Aber trotzdem ist es gut, wenn sie nicht in ihrer Kraftlosigkeit steckenbleiben. Sie sollen in Berührung kommen mit der Kraft, die in ihnen war, solange sie ihren Lebenstraum lebten. Diese Quelle der Kraft ist auch jetzt in ihnen. Indem sie in Berührung kommen mit dieser Quelle der Kraft, bekommen sie langsam Lust, neu anzufangen.

Ungeöffnet zurück an Absender

Eine christliche Gemeinschaft kann nur auf Dauer zusammenleben, wenn die Mitglieder einander immer wieder vergeben. Ohne Vergebung würden wir dem anderen immer nur aufrechnen, was er uns angetan hat. Es wäre ein ständiges Aufrechnen und einander Vergelten. Das würde ein Zusammenleben unmöglich machen. Nur wenn wir bereit sind, einander immer wieder zu vergeben, kann das Miteinander gelingen. Vergeben heißt dabei nicht vergessen, sondern das verletzende Handeln beim anderen zu belassen. Vergeben ist Weggeben. Wir kümmern uns nicht mehr um die Verletzung. Wir haben sie weggegeben, oder wie das lateinische Wort »dimittere« meint: Wir haben sie weggeschickt, an den Absender zurückgesandt.

Segen im Streit

Du hast dir diesen Konflikt nicht ausgesucht. Du bist in ihn hineingeraten, ohne dass du es gewollt hast. Ein anderer Mensch hat dich kritisiert, hat dich angegriffen, hat dich in eine Situation gebracht, die dir unangenehm ist.

Gottes Segen möge dich jetzt einhüllen wie ein schützender Mantel, damit die feindlichen Worte von außen nicht in dich eindringen können. Sein Segen umgebe dich wie ein Schild, der die Pfeile abwehrt, die feindliche Menschen auf dich schießen.

Sehnsucht nach Versöhnung

Du sehnst dich danach, dich mit den Menschen zu versöhnen, mit denen du Schwierigkeiten hast, mit denen du im Streit liegst. Aber du weißt keinen Weg, wie du dich versöhnen kannst.

Gottes Segen möge dich befähigen, dich zunächst mit dir selbst zu versöhnen, mit deiner Lebensgeschichte, mit deiner Ohnmacht, mit deinen Grenzen und Schwächen, und dich auch zu versöhnen mit dieser Situation des Streites, in die du geraten bist. Gottes Segen erfülle dich mit dem Geist der Versöhnung, der von Jesus ausgegangen ist. Jesus hat selbst am Kreuz seinen Mördern noch vergeben. Wenn dich der Geist Jesu durchdringt, dann spürst du in deiner Seele, dort, wo Jesus in dir wohnt, Versöhnung und Frieden. Im Grund deiner Seele ist schon Versöhnung. Sein Segen bringt dich in Berührung mit diesem inneren Frieden. Und wenn du tief in dir mit dir und deinem Leben versöhnt bist, dann kannst du dich auch mit den Menschen versöhnen, die dich verletzt haben. Sie sind nicht mehr länger deine Feinde.

Gebet um Gelassenheit

Guter Gott, ich lasse mich so leicht aus dem Gleichgewicht bringen. Ich rege mich auf, wenn mein Nachbar komisch hustet. Ich kann Dinge nicht loslassen, die schiefgelaufen sind. Immer wieder ereifere ich mich, dass das doch so nicht sein darf. Ich mache mir und anderen Vorwürfe.

Schenke mir den Geist der Gelassenheit, damit ich die vergangenen Dinge einfach lassen kann. Befähige mich, alte Verletzungen loszulassen und sie nicht immer als Vorwand zu benutzen, nicht selbst aufzustehen und zu leben.

Manchmal fühle ich mich gedrängt, in andere Menschen einzudringen und sie zu belehren, dass sie doch einsehen, was mir klar ist. Gib mir die Gabe der Gelassenheit, dass ich die Menschen lassen kann, wie sie sind, dass ich eine Situation stehen lassen kann, ohne mich ständig darüber aufzuregen, und dass ich auch mich selbst lassen kann.

Lass mich alles loslassen, was mich hindert, jetzt im Augenblick zu leben. Lass mich vor allem meine eigenen Bilder von mir loslassen, damit dein Bild in mir aufstrahlt, das du dir von mir gemacht hast.

Gebet im Ärger

Guter Vater, ich habe mich maßlos geärgert über den Arbeitskollegen, der seine Arbeit schlampig gemacht und mir damit Probleme bereitet hat. Und ich habe mich geärgert über seine Art und Weise, wie er sich da herausgeredet und mir die Schuld an dem Fehler zugeschoben hat.

Ich werde den Ärger nicht los. So halte ich dir meinen Ärger hin und bitte dich: Lass deine Liebe und dein Erbarmen in diesen Ärger hineinfließen, damit er sich auflöst, damit ich frei werde von den inneren Selbstgesprächen.

Erfülle mein Herz mit deiner Liebe, damit ich wieder zur Ruhe komme. Ich will dem Ärger nicht so viel Macht über mich geben. Ich spüre, dass er mir nicht guttut. Ich lasse mich dann vom anderen bestimmen. Ich möchte aber, dass dein Geist mich erfüllt und meine Gefühle bestimmt. Das ist besser für mich. Dann kann ich wieder aufatmen und mich frei fühlen.

So bitte ich dich: Verwandle meinen Ärger in Klarheit und Frieden, aber auch in Kraft, den anderen aus mir herauszuwerfen, damit ich mich wieder ganz dir und den Menschen zuwenden kann, denen ich daheim in der Familie begegnen werde.

Sein zerbrochenes Herz darbringen

»Wasch meine Schuld von mir ab und mach mich rein von meiner Sünde! ... Das Opfer, das Gott gefällt, ist ein zerknirschter Geist, ein zerbrochenes und zerschlagenes Herz wirst du, Gott, nicht verschmähen.«

Diese Worte aus Psalm 51 (Verse 4 und 19) zeigen: Ob der Mensch will oder nicht, er wird immer wieder in Schuld geraten. Er erlebt die Schuld als etwas, was ihn beschmutzt, was sein Denken trübt und seine Seele verunreinigt. Wir möchten unser Leben lang mit einer weißen Weste herumlaufen, aber wir spüren, dass es nicht geht, dass wir unsere weiße Weste immer wieder beschmutzen. Daher ist es eine große Sehnsucht, von seiner Schuld reingewaschen zu werden.

Die Schuld zerbricht unser Selbstbild. Wir wollen ja von uns aus keine Schuld auf uns laden, aber wir werden immer wieder schwach. Wir tun nicht das, was wir eigentlich wollen, wir lassen uns hinreißen, den anderen tief zu verletzen. Unsere Worte tun uns leid. Aber sie sind nun einmal ausgesprochen. Oder wir handeln heuchlerisch und falsch und schämen uns dafür.

Der Psalmist erfährt, dass seine Schuld seinen Geist und sein Herz zerbrochen und zerschlagen hat. Aber das ist auch die Chance, dass das Herz auf neue Weise aufgebrochen wird für Gott. Der Beter bringt ihm nun sein zerbrochenes Herz dar. Und er vertraut darauf, dass es das Opfer ist, das Gott am meisten gefällt, besser als die Leistung, die er vor ihm vorweisen und in der er sich selbst vor ihm rühmen möchte. So führt das zerbrochene Herz zu einer neuen Offenheit für Gott. Der Beter lässt sich ganz und gar in ihn hineinfallen, in seine barmherzige Liebe. Er kann nichts mehr vorweisen, nur sein zerbrochenes Herz darbieten, damit Gott nun dieses aufgebrochene Herz ganz und gar mit seiner Liebe erfüllt.

Gott ist größer

Viele Menschen können sich selbst nicht vergeben. Wenn sie einen Fehler gemacht haben, dann klagen sie sich an und kommen nicht zur Ruhe. Ihr eigenes Über-Ich verurteilt sie ständig.

Dieses Über-Ich kann unbarmherzig über uns richten. In so einer Situation, in der wir uns ständig Vorwürfe machen, dass wir so oder so gehandelt haben oder so oder so sind, hilft uns das Wort aus dem Ersten Johannesbrief. Wir können es in unsere Selbstvorwürfe hineinsagen: »Wenn das Herz uns auch verurteilt, Gott ist größer als unser Herz, und er weiß alles« (1 Joh 3,20).

Dieses Wort kann uns beruhigen. Da hören unsere Selbstvorwürfe auf, wir spüren, dass Gott größer ist.

Gott weiß alles. Vor ihm brauchen wir uns nicht zu beschuldigen. Unser Herz ist kleinkariert, ist unfähig, barmherzig mit uns zu sein und uns selbst zu vergeben. Gottes Herz ist weit. In diesen Worten können wir die Weite des göttlichen Herzens spüren. Und diese Weite löst unsere selbstzerfleischenden Vorwürfe auf. Auf einmal ist auch unser Herz von Ruhe erfüllt.

Gottes liebender Blick

Viele haben Angst vor dem, was in ihnen verborgen ist. Sie wollen es auch weiterhin vor sich selbst, vor Gott und vor den Menschen verbergen.

Aber Gott sieht alles mit einem liebenden Blick. Er will alles, was in uns ist, mit seiner Liebe durchdringen. In diesem Vertrauen, dass alles, was du Gott hinhältst, von seiner Liebe erfüllt wird, kannst du ohne Angst in dich hineinschauen. Alles darf sein. Es ist so, wie es ist. Wir können unser Leben nicht rückgängig machen. Aber wenn wir das Gefühl haben, nicht richtig gelebt zu haben, dann ist es noch nicht zu spät, in jedem Augenblick neu anzufangen.

Die Gastgeschenke Jesu

Jesus kehrt als Wanderer auch bei Zöllnern und Sündern ein. Er geht den Weg mit allen Menschen, und er geht auf alle Menschen zu. Er übergeht niemanden. Er isst und trinkt mit den Zöllnern. Aber er bringt als der göttliche Wanderer immer auch Gastgeschenke mit. Er vermittelt ihnen die Barmherzigkeit und Güte Gottes, die niemanden untergehen lässt, auch den nicht, der sich vergangen hat.

Auch wer sich vergangen hat, ist noch ein Gehender, ist noch auf dem Weg. Und er kann umkehren. Die Zöllner gehen auf die Worte Jesu ein. Sie lassen sich berühren. Sie gehen hinein in seine Gedankenwelt, und so entgehen sie dem Scheitern. Ihnen geht das Geheimnis ihres Lebens auf. Und so machen sie sich wieder auf, um den Weg zu gehen, der sie zum Leben führt.

Gebet um Selbstannahme

Barmherziger Gott,

es fällt mir so schwer, mich selbst anzunehmen. Es gibt so vieles, was mich an mir stört: meine Ungeduld, meine Unruhe, meine Oberflächlichkeit, meine Empfindlichkeit.

Alles, was mich an mir ärgert, halte ich dir hin. Ich weiß, dass du mich bedingungslos annimmst. Du beurteilst und verurteilst mich nicht. Ich bin es selbst, der so unbarmherzig mit mir umgeht. Oder aber es ist der innere Richter in mir, den ich einfach nicht abstellen kann.

Ich halte dir meine Ohnmacht hin, mich anzunehmen. Und ich vertraue darauf, dass deine Annahme stärker ist als meine Unfähigkeit, mich anzunehmen.

Ich halte dir meine leeren Hände hin. Ich verzichte darauf, mich selbst zu bewerten. Ich weiß, dass du meine

Leere mit deiner Liebe ausfüllen wirst. Und ich weiß, dass du all das in mir annimmst, was ich nicht anzunehmen vermag.

Gebet bei Schuldgefühlen

Gütiger Gott, mein Gewissen klagt mich an.

Ich spüre in mir viele Selbstvorwürfe. Immer wieder werfe ich mir vor, dass ich dem Kollegen gegenüber so unachtsam war, dass ich gegenüber meinen Kindern ausgerastet bin, dass ich etwas Unsinniges erzählt und verletzende Worte gebraucht habe.

Ich kann es nicht mehr rückgängig machen. Aber ich kann mich auch nicht von meinen Schuldgefühlen befreien.

Ich halte dir meine Schuldgefühle hin. Ich verzichte darauf, mich selbst zu beschuldigen. Ich halte dir einfach hin, was in mir ist.

Ich überlasse es deinem Urteil. Doch ich vertraue darauf, dass du alles in mir annimmst, auch das, was nicht so gut war, wobei ich schuldig geworden bin.

Ich halte dir mein Herz hin

Barmherziger Vater,

ich halte dir mein Herz hin mit all dem, was jetzt in mir auftaucht. Ich möchte vor dir nichts verbergen. Denn vor dir darf alles sein.

In deinem liebenden Blick verliert all das Negative in mir an Macht. Es ist noch da, aber es hat mich nicht mehr im Griff. Ich spüre, dass meine Schuld mich nicht von dir trennt, sondern mich auf dich und deine Gnade verweist.

Der Blick auf deine Barmherzigkeit befreit mich von dem Kreisen um meine Schuldgefühle. Ich höre auf, mich zu verurteilen, weil du mich nicht verurteilst, sondern mich bedingungslos annimmst. Es geht mir auf, was Johannes in seinem ersten Brief geschrieben hat:

»Wenn das Herz uns auch verurteilt – Gott ist größer als unser Herz, und er weiß alles« (1 Joh 3,20).

Gebet um Trost

Barmherziger und guter Gott. Ich brauche Trost in meiner Trauer.

Ich bin traurig, weil ich diesen lieben Menschen verloren habe. Ich bin traurig, dass heute so vieles bei meiner Arbeit und in meinem Leben schiefgelaufen ist. Ich bin traurig, dass die Beziehung, in der ich lebe, momentan so schwierig ist und ich mich so verletzt fühle.

Steh du mir bei. Ich brauche keine Worte, die mich vertrösten. Ich brauche einen, der mir zum Trost wird, der zu mir steht und mein Weinen und meine Verzweiflung aushält. Sende mir solche Menschen als Trost in meine Trostlosigkeit.

Sei du selbst mir Trost. Ich vertraue darauf, dass du mich aushältst und dass du bei mir bleibst, auch wenn ich am liebsten vor mir davonlaufen möchte. Gib du mir mit deinem Trost wieder Festigkeit, dass ich Boden unter den Füßen spüre und wieder zu mir stehen kann.

Gebet in Traurigkeit

Guter Gott, heute greift die Traurigkeit nach meinem Herzen.

Auch der Gedanke an dich kann diese Traurigkeit nicht vertreiben. Sie steigt aus der Tiefe auf und lähmt mich.

Ich halte dir meine Traurigkeit hin. Lass mich erkennen, was mich so traurig macht. Sind es übertriebene Wünsche an mein Leben? Sind es die Enttäuschungen, die mir das Leben bereitet hat?

Ich halte dir mein trauriges Herz hin und bitte dich: Lass dein Licht und deine Liebe in meine Traurigkeit hineinströmen. Dann fühle ich mich mit meiner Traurigkeit von dir geliebt und mit dir verbunden.

Ja, meine Traurigkeit verweist mich dann auf dich und deine Liebe. So entsteht ein tiefer Friede in mir.

Manchmal durfte ich diese wunderbare Erfahrung machen, dass meine Traurigkeit mich in den Grund meiner Seele geführt hat, in dem ich dich gefunden habe als das Licht, das meine Finsternis erleuchtet, und als die Liebe, die mich durchdringt, und als die Freude, die meine Traurigkeit verwandelt.

So bitte ich dich auch heute, dass dein Licht, deine Liebe und deine Freude durch alle traurigen Gefühle hindurchdringen, damit ich mich mit meiner Traurigkeit in dir geborgen und von dir geliebt fühle.

Gottes Zusage gegen unsere Ängste

Viele Menschen lieben den 23. Psalm. Dieser Psalm beruhigt unsere Ängste.

Die erste Angst, die hier angesprochen wird, ist die Angst, zu kurz zu kommen, nicht genug zu haben, das Leben nicht zu meistern. In diese Angst hinein sollen wir sprechen: »Der Herr ist mein Hirte, nichts wird mir fehlen.« Wenn wir diese Worte immer wieder in unsere Angst hineinhalten, dann wird sie sich auflösen, und in uns wird Ruhe einkehren.

Die zweite Angst ist die Angst vor dem Unheil, vor dem Dunklen und Unbekannten in uns und um uns herum. In einer finsteren Schlucht haben wir Angst, ein Räuber könnte uns begegnen und uns ausrauben. Wir sehen uns im Dunklen unbekannten Gefahren ausgesetzt. In diese Angst hinein spricht der Psalm das Wort: »Muss ich auch wandern in finsterer Schlucht, ich fürchte kein Unheil; denn du bist bei mir, dein Stock und dein Stab geben mir Zuversicht.«

Solche Worte wollen immer wieder meditiert werden, immer wieder hineingehalten werden in unsere Angst. Wir können die Angst nicht aus uns herausreißen, sie wird immer wieder in uns hochkommen. Aber wenn wir diese Worte in sie hineinsprechen, dann relativieren wir sie. Mitten in der Angst spüren wir dann das Vertrauen, das auch in uns ist.

Jeder Mensch hat immer zugleich Angst und Vertrauen. Aber oft sind wir fixiert auf die Angst, sodass wir das Vertrauen in uns übersehen. Die Worte des Psalms wollen uns wieder mit uns selbst in Berührung bringen, damit wir mitten in unserer Angst auch das Vertrauen spüren, das auf dem Grund unserer Seele bereitliegt.

Christus, unser innerer Ruhepunkt

Die Situation der Jünger im Seesturm (Mk 4,35–41) ist uns vertraut. Manchmal haben wir auch den Eindruck, dass wir in einen Wirbelsturm geraten. Wir wissen gar nicht, woher der Wind uns entgegenbläst, auf einmal geraten wir in einen Wirbel. Das Boot unseres Lebens wankt hin und her, wir geraten in Turbulenzen und bekommen Angst. Jesus schläft einfach im Boot. Er lässt sich von der äußeren Unruhe nicht erfassen. Dass Jesus schläft, könnte aber auch bedeuten: Wir sind nicht in Berührung mit ihm. Er ist als der innerste Kern in uns, aber er schläft, wir erfahren ihn nicht. In ihrer Not wecken die Jünger Jesus und werfen ihm vor, es würde ihn nicht kümmern, dass sie zugrunde gehen.

Doch er steht auf und gebietet dem Sturm. Auf einmal ist alles ruhig. Wenn wir mit unserer Mitte in Berührung kommen, dann entsteht nicht nur in uns, sondern auch um uns herum Ruhe und Stille. Doch Jesus fragt die Jünger: »Warum habt ihr solche Angst? Habt ihr noch keinen Glauben?«

Die Jünger lassen sich allzu sehr von den äußeren Turbulenzen beeindrucken und reagieren auf den Wirbelsturm mit Angst. Wenn sie Glauben hätten, würden sie anders reagieren. Glauben heißt hier: in Berührung sein mit dem Grund unserer Seele, mit Christus, der auf dem Grund unserer Seele in uns ist.

Wenn wir ihn spüren, dann haben wir mitten in den Turbulenzen unseres Lebens einen inneren Ruhepunkt. Und von diesem inneren Raum der Stille her kann dann auch langsam unser Herz sich beruhigen und mit Vertrauen auf die äußeren Gefährdungen reagieren.

Gebet in Angst

Barmherziger und guter Gott, du kennst alle meine Ängste: meine Angst, mich vor anderen zu blamieren, meine Angst, auf andere zuzugehen, von anderen verletzt zu werden, die Angst vor dem Neuen, das auf mich zukommt. Ich halte dir meine Angst hin und die Ohnmacht, sie zu überwinden. Du kennst meine vielen Versuche, gegen meine Angst zu kämpfen. Sie haben mir nicht geholfen. Im Gegenteil, die Angst ist immer stärker geworden.

Halte deine segnende Hand über mich und meine Angst. Verwandle meine Angst, dass sie mich näher zu dir führt, dass sie mich auf dich verweist. In deinen Händen bin ich mit meiner Angst geborgen. Befreie mich von den

Illusionen, die ich mir über mich selbst gemacht habe, dass ich immer stark und erfolgreich und selbstsicher sein muss.

Führe mich durch die Angst in den inneren Raum meiner Seele, in dem du wohnst. Dort hat die Angst keinen Zutritt. Lass mich ein wenig ausruhen in diesem Raum der Stille und ihn genießen, weil ich dort im Innersten meiner Seele frei bin von der Angst. Lass mich von diesem Raum der Stille mit Vertrauen in die Welt gehen, ohne Angst vor der Angst, die mich in der Welt wieder erfassen wird.

Söhne mich aus mit meiner Angst, damit sie mich immer wieder an dich erinnert und an den inneren Raum, in dem du in mir wohnst und mich befreist von aller Angst.

Gebet um Mut

Guter Gott, ich habe Angst vor dem nächsten Schritt. Ich habe Angst vor der Entscheidung, vor die ich im Beruf gestellt bin. Ich möchte mich am liebsten vergraben und mich nicht entscheiden. Ich möchte mich den Problemen nicht stellen. Sie wachsen mir über den Kopf.

Gib du mir Mut, den Dingen aufrecht gegenüberzutreten und den Kampf mit dem Leben aufzunehmen, auch wenn ich dabei verwundet werde.

Schenke mir den Mut, für das Leben und für meine Zukunft zu kämpfen und auch für andere den Einsatz zu wagen. Oft sehe ich feige hinweg, wenn andere in Not sind – stärke mir dann den Rücken.

Gib du mir den Mut, der mich dazu befähigt, Unrecht beim Namen zu nennen und für das Rechte bestimmt einzutreten.

Nur keine Panik!

Versuche, nicht in Panik zu verfallen. Das ist natürlich leichter gesagt als getan. Die Panik überfällt einen, wenn die Krise völlig unvermittelt über einen hereinbricht.

Wir können das panische Erschrecken nicht verhindern. Aber wie wir mit der Panik umgehen, liegt in unserer Verantwortung. Manche steigern sich in die Panik hinein. In ihrer Panik werden sie blind und gelähmt. Die Lähmung hindert sie aber am Denken, am Suchen kreativer Lösungen.

Unsere Aufgabe ist es, die Panik wahrzunehmen und dann darauf zu reagieren. Wenn die Angst hochkommt, dann rede mit der Angst. Denke die Angst zu Ende. Lass in der Vorstellung das zu, wovor du Angst hast. Unterhalte dich mit der Angst, mache dich mit ihr vertraut. Dann kann die Angst dich herausfordern und dir neue, aktive Wege, Auswege oder Lösungen weisen.

Zeiten, in denen alles zu viel wird

Sorge dich nicht um morgen

»Sorgt euch also nicht um morgen; denn der morgige Tag wird für sich selbst sorgen. Jeder Tag hat genug eigene Plage«, sagt Jesus im Matthäusevangelium (Mt 6,34).

Viele Menschen malen sich voller Sorge aus, was morgen und übermorgen und überhaupt in der Zukunft alles geschehen könnte. Natürlich sollen wir unsere Verantwortung für die Zukunft wahrnehmen. Doch diese Verantwortung für die Zukunft hat Jesus hier bei Matthäus nicht im Blick. Er möchte uns vielmehr einladen, ganz im Augenblick zu leben. Das Heute ist wichtig. Dieser eine Augenblick ist wichtig. Wir sollen ihn in Dankbarkeit und in Vertrauen leben. Wenn wir uns ständig um die Zukunft Sorgen machen, dann leben wir nicht im Augenblick, dann versäumen wir das Leben. Es geht darum, den heutigen Tag gut zu meistern. Ich soll mir heute noch nicht den Kopf zerbrechen, was morgen sein wird.

Viele kreisen heute schon um das Gespräch, das morgen stattfinden wird, oder um die Arbeit, die sie morgen erledigen müssen. Doch damit können sie den gegenwärtigen Augenblick nicht genießen. Die Sorge um den morgigen Tag lastet auf ihnen und bedrückt sie.

Wenn ich morgens aufstehe, lasse ich mich nicht erdrücken von den Terminen, die heute anstehen. Ich erhebe vielmehr die Hände zum Segen und segne den heutigen Tag. Dann gehe ich voll Vertrauen in den Tag, nicht mit Sorgen, was alles geschehen könnte, sondern im Glauben daran, dass alles, was ich heute tue, gesegnet ist.

Erholung suchen

Jesus hatte die Jünger ausgesandt, um seine Botschaft in die Dörfer zu tragen und die Kranken zu heilen. Jetzt kamen sie zurück und wollten Jesus alles erzählen, was sie erlebt hatten. Doch ständig wurden sie von Leuten gestört. Da lädt Jesus sie ein, an einen einsamen Ort zu fahren, damit sie ganz allein für sich sind, dass sie Zeit füreinander haben und ausruhen können von ihrer Arbeit. Und Jesus selbst hat offensichtlich auch das Bedürfnis, einmal allein zu sein, abseits von den vielen Leuten, die ständig etwas von ihm wollen (vgl. Mk 6,30–32).

Wir sind stolz, wenn wir gebraucht werden. Und dann verlieren wir unsere Grenzen, das Gespür für das, was noch stimmt für uns. Wir achten auf alle Bedürfnisse der anderen, aber nicht auf die eigenen. Wir hören nur auf die anderen, aber nicht mehr auf die Stimme im eigenen Herzen. Und so sind wir irgendwann ausgebrannt und ausgelaugt.

Jesus weiß um diese Gefahr. Er erkennt, dass wir alle begrenzt sind und nicht immer nur geben können. Wir brauchen auch Zeit für uns, in der wir das ansprechen können, was uns selbst bewegt in unserem Herzen. Wir brauchen Zeit, um unsere Erfahrungen zu bearbeiten.

Doch Markus erzählt, dass selbst Jesus mit seinem Versuch, den Jüngern einen Freiraum zu schaffen, keinen Erfolg hat. Die Leute sahen, dass Jesus mit den Jüngern abfuhr, und liefen am Ufer dorthin, wo er mit ihnen hinfahren wollte. Und als Jesus ausstieg, ärgerte er sich nicht, sondern er hatte Mitleid mit ihnen, »denn sie waren wie Schafe, die keinen Hirten haben« (Mk 6,34). Er spürte, dass sie orientierungslos waren, müde, weil sie keinen Sinn in ihrem Leben sahen.

Es gibt Situationen, da wir uns die freie Zeit nehmen und sie gegen alle Bedürfnisse von außen verteidigen müssen. Aber es gibt auch die Situation, in der wir aus Mitleid und Mitgefühl uns auf den einlassen sollen, der unsere Hilfe braucht. Allerdings kann dieses Gebrauchtwerden auch zu einer Falle werden. Weil wir den Eindruck haben, wir würden gebraucht, kommen wir uns wichtig vor und nehmen uns nicht die Zeit, die wir für uns und für Gott brauchen. Wir müssen uns wie Jesus auch eingestehen, dass wir Zeiten des Alleinseins und der Stille brauchen. Wir sind nicht Gott, der immer geben kann. Wir müssen uns auch Zeit für uns nehmen, damit wir dann auch wieder geben können.

Segen für Erschöpfte

Der Segen Gottes möge dich davor bewahren, dass du in deiner Müdigkeit versinkst. Der Segen Gottes verwandle deine Müdigkeit.

Lege dich einmal müde aufs Bett und stell dir vor, dass du in Gottes guten und liebenden Händen liegst. Du kannst dich in diese Liebe fallen lassen. Sie trägt dich. Du musst jetzt gar nichts tun, nicht kämpfen, dich nicht einsetzen. Genieße es, in Gottes guten Händen zu ruhen.

Dann stell dir vor, dass Gottes Segen dich umgibt. Du bist gesegnet. Du hast dich für andere eingesetzt. Gottes Segen möge deinen Einsatz lohnen. Auch wenn du jetzt nicht spürst, dass du mit deinem Engagement Erfolg hast. Vertraue darauf, dass Gottes Segen über allem steht, was du versucht hast, und dass Gott deine Müdigkeit in neue Lebendigkeit verwandeln kann, aber auch in neues Vertrauen, dass Gott das Werk deiner Hände segnet und dass von allem, was du tust und worum du dich mühst, Segen ausgeht für dich selbst und für die Menschen.

Gebet an einem turbulenten Arbeitstag

Barmherziger Vater, ich bin mitten bei der Arbeit. Alles strömt auf mich ein. Ich weiß gar nicht, was ich jetzt anpacken soll.

Schenke mir innere Ruhe, damit ich mich nicht von den äußeren Anforderungen aus meiner Mitte heraustreiben lasse.

Segne du das, was ich in die Hand nehme, und lass es gelingen. Schenke mir mitten im Trubel Ruhe und Klarheit, damit durch meine Arbeit etwas mehr Klarheit und Friede in den Menschen und zwischen den Menschen entstehen.

Gebet bei Schlaflosigkeit

Barmherziger Gott, ich wälze mich hin und her und kann einfach nicht schlafen.

Ich möchte alles loslassen, was mich beschäftigt. Aber immer wieder tauchen die Gedanken an das misslungene Gespräch auf.

Die Sorgen um meine Kinder lassen mich nicht los. Ich grüble ständig nach, wie es mit mir und meiner Familie weitergeht, ob wir das Leben bewältigen.

Ich habe Angst, morgen wegen meiner Schlaflosigkeit keine Kraft zu haben.

Was willst du mir sagen in meiner Schlaflosigkeit? Von welchen Vorstellungen über mein Leben soll ich mich verabschieden? Ich lege mich mit all meiner Unruhe und mit meiner Unfähigkeit zu schlafen in deine guten Hände.

Ich gebe die Fixierung auf das Schlafen oder Nichtschlafen auf. Ich berge mich in deine Hände, schlafend oder wachend, im Vertrauen, dass du mich mit neuer Kraft erfüllst, auch wenn ich nicht lange schlafe.

Betend vertraue ich mich dir an. Ich bete nicht, dass du mir Schlaf schenkst, sondern ich bete, dass du mit deinem Geist mich immer tiefer erfüllst.

Dann ist es nicht mehr so wichtig, ob ich wache oder schlafe. Dann bin ich bei dir und in dir und vertraue darauf, dass dein Geist mich erfrischt.

Gebet um Stärke

Herr, ich fühle mich oft kraftlos.

Ich sollte etwas erledigen, aber ich habe keine Kraft dazu. Ich sollte einen Konflikt angehen, aber ich weiche aus. Ich habe nicht die Kraft, mich den Problemen zu stellen.

Guter Gott, du hast uns deinen Heiligen Geist gesandt. Es ist kein Geist der Verzagtheit, sondern ein Geist der Kraft und der Stärke. Sende mir deinen Heiligen Geist, damit ich neue Kraft in mir spüre, die Kraft, die ich zum Leben brauche. Erfülle mich mit deinem Heiligen Geist, dass der meine Kraftlosigkeit durchströmt und sie in Kraft verwandelt, der meine Schwäche in Stärke wandelt und meine Angst in Vertrauen.

Gebet in Resignation

Herr Jesus Christus, in deiner Auferstehung hast du die Resignation des Todes überwunden, hast den grauen Morgen meines Alltags verwandelt und in das Licht deiner göttlichen Herrlichkeit getaucht.

Lass mich dich als den Auferstandenen in allen Situationen meines Alltags erfahren, in meiner Arbeit, in der Vergeblichkeit, in der Enttäuschung, im Miteinander und in der Einsamkeit.

Lass auch mich immer wieder Auferstehung erfahren, dass ich aufstehe aus dem Grab meiner Angst und Resignation – hinein in das Leben, das du mir schenkst.

Zeiten der Einsamkeit

Segen in der Einsamkeit

Du fühlst dich einsam, allein gelassen. Keiner besucht dich. Keiner versteht dich. Niemand ist jetzt da, um mit dir zu sprechen.

Halte deine Einsamkeit aus, aber stelle sie unter den Segen Gottes. Gottes Segen verwandelt deine Einsamkeit. Du spürst, dass sein Segen dich eins werden lässt mit dir selbst. Und wenn du eins bist mit dir, fühlst du dich auch eins mit den Menschen, auch wenn sie jetzt gerade nicht bei dir sind.

Gebet in der Einsamkeit

Guter Gott, ich fühle mich einsam, allein gelassen. Keiner kümmert sich um mich.

Die anderen gehen heute Nachmittag spazieren. Um mich kümmert sich niemand. Niemand hat mich eingeladen. Die anderen haben mich übersehen. Ich bin allein, einsam.

Verwandle du meine Einsamkeit, dass ich mit mir selbst eins werde und im Einswerden mit mir mich getragen fühle von dir.

Verwandle mein Alleinsein, dass es – wie Peter Schellenbaum es ausdrückt – zum All-Einssein wird. Dann werde ich in meinem Alleinsein erfahren, dass ich mit allem eins bin, mit allen Menschen, mit aller Welt, mit dem Sein und letztlich mit Gott. Dann löst sich meine Einsamkeit auf in die Erfahrung von Einssein und Getragensein.

Ich will nicht vor meiner Einsamkeit davonlaufen, sonst wird sie mich immer wieder einholen. Ich halte sie dir hin, damit du sie verwandelst und mich in die Einheit führst – mit mir selbst, mit den Menschen, mit der Welt und mit dir, mein Gott, der mich trägt.

Gebet um Liebe

Guter Gott, ich sehne mich nach Liebe. Ich sehne mich danach, dass ein Mensch mich bedingungslos liebt und dass ich diese Liebe erwidern darf, dass ich liebe und geliebt werde.

Momentan spüre ich keine Liebe. Ich fühle manchmal, wie in mir Sehnsucht zu einem Menschen aufkommt, dass ich diesen Menschen gerne lieben würde. Aber ich sehe keine Reaktion von diesem Menschen. Er scheint mich nicht zu sehen. Er erwidert meine Liebe nicht. Und ich traue mich nicht, meine scheue Liebe dem anderen zu offenbaren.

Schenke du mir die Liebe, die mich mit einem Menschen verbindet. Schenke mir einen Menschen, der mich so liebt, wie ich bin, der mit mir den Weg gemeinsam gehen will, der mit mir sein Leben teilen will.

Und schenke mir die Liebe, dass ich seine Liebe erwidern kann. Lass meine Liebe nicht ins Leere laufen, sondern erwidert werden und gelingen.

Gebet um Freundschaft

Barmherziger Gott, ich sehne mich nach einem Freund, der mich versteht und mit dem ich über alles reden kann, was mich bewegt. Ich sehne mich nach einer Freundin, die mich nicht vereinnahmt, sondern auf die ich bauen kann, die da ist, wenn ich sie brauche, vor der ich mich nicht verstecken muss. Ich möchte einen Freund, vor dem ich ehrlich auch über meine Schwächen reden kann, ohne beurteilt oder verurteilt zu werden.

Ich kann niemanden zwingen, mein Freund zu sein. Ich spüre, dass Freundschaft immer ein Geschenk ist, wenn sie gelingt.

Schenke du mir die Gabe der Freundschaft, damit ich Freunde finde und mit ihnen so lebe, dass wir einander stützen und ergänzen und dass wir uns aufeinander verlassen können.

Segne die Freundschaften, die ich schon habe, die aber nicht meinen wahren Erwartungen entsprechen. Dein Segen vermag auch diese Freundschaften zu wandeln, damit sie für mich und für meine Freunde zum Segen werden.

Zeiten der Krankheit

Die Krankheit befragen

Jede Krankheit stellt eine Krise dar. Auch kleine Erkältungskrankheiten bringen uns durcheinander. Sie lähmen uns in unserer Arbeit. Wir fühlen uns lustlos. Die Stimme geht nicht so, wie wir das gerne hätten.

Aber das sind nur die kleinen Krisen, die von alleine wieder vergehen. Eine stärkere Krise ist, wenn uns eine Krankheit aus heiterem Himmel trifft. Ein Mann war nie krank. Er hat nie in der Arbeit gefehlt. Jetzt ist er von einem Tag auf den anderen krank geworden. Der Krebs hat ihn gepackt. Er weiß nicht, ob er den Krebs überleben wird. All seine Pläne, die er mit dem Leben hatte, werden durchkreuzt. Er hatte gedacht, dass er immer gesund gelebt hätte. Jetzt sucht er in seinem Leben nach Gründen für seine Krankheit. Doch die Suche nach den Ursachen hilft ihm nicht weiter. Sie vermittelt ihm nur Schuldgefühle, die ihn noch weiter nach unten ziehen. Die Krankheit widerfährt ihm. Er muss sich ihr stellen.

Statt nach den Ursachen zu suchen, ist es sinnvoller, die Krankheit zu befragen, was sie einem sagen möchte. Die Krankheit zwingt mich, mich mit der Brüchigkeit meines Lebens auszusöhnen. Sie zeigt mir, was mein eigentlicher Wert ist. Aber um dorthin zu gelangen, gehe ich erst durch Selbstzweifel und Schuldgefühle, durch Verzweiflung und Angst hindurch.

Krankheit als Chance zu Veränderung

Die Krankheit stellt mich in Frage – sie stellt mir viele Fragen. Die erste Frage ist die nach dem richtigen Leben: Weist mich meine Krankheit darauf hin, dass ich etwas übersehen habe, dass ich an meiner Wahrheit vorbeigelebt habe? Habe ich mich übernommen? Habe ich zu viel gearbeitet? Habe ich zu viel heruntergeschluckt? Habe ich wichtige Signale meines Leibes und meiner Seele überhört? Was will mir die Krankheit sagen? Was sollte ich verändern? Wo sollte ich andere Akzente in meinem Lebenskonzept setzen? Worauf kommt es wirklich an in meinem Leben? Sollte ich kürzertreten, behutsamer und achtsamer leben? Was bedeuten mir meine Freunde, meine Familie? Wo habe ich sie vernachlässigt? Wie möchte ich mit ihnen umgehen, wenn die Zeit, die mir mit ihnen bleibt, begrenzt ist? Die Krankheit ist eine Chance, mein Leben zu überdenken und die Schwerpunkte anders zu setzen.

Hadern mit Gott

Die Bibel zeigt uns in den Psalmen, wie ein frommer Beter mit seiner Krankheit umgeht: Er schildert Gott die Krankheit mit allen Schmerzen, wirft sie Gott vor. Er beklagt sich bei Gott, dass er ihn in diese Krankheit geführt hat. Aber am Ende dieses Ringens mit Gott steht immer das Vertrauen. Ich möchte nur den Psalm 38 als Beispiel bringen, der oft mit »Die Klage eines Kranken« überschrieben wird: »Herr, strafe mich nicht in deinem Zorn und züchtige mich nicht in deinem Grimm! Denn deine Pfeile haben mich getroffen, deine Hand lastet schwer auf mir. Nichts blieb gesund an meinem Leib, weil du mir grollst« (Ps 38,2–4).

Der Beter wirft Gott vor, dass die Krankheit von ihm kommt, dass sie dem Grimm Gottes entspringt. Er sieht zwar ein, dass dieser Grimm auch in seiner Schuld begründet ist. Aber er fleht Gott an, dass er aufhören soll, ihn zu strafen. Dann schildert der Kranke in düsteren Farben seine Krankheit: »Mir schwären, mir eitern die Wunden wegen meiner Torheit. Ich bin gekrümmt und tief gebeugt, den ganzen Tag geh ich traurig einher. Denn meine Lenden sind voller Brand, nichts blieb gesund an meinem Leib. Kraftlos bin ich und ganz zerschlagen, ich schreie in der Qual meines Herzens« (Ps 38,6–9).

Doch nach der Schilderung seiner Krankheit drückt der Kranke dennoch sein Vertrauen auf Gott aus. Er beklagt sich bei Gott, aber er lässt nicht los von Gott. Er ringt sich durch bis zum Vertrauen: »Doch auf dich, Herr, harre ich; du wirst mich erhören, Herr, mein Gott« (Ps 38,16). Und weil er trotz seiner Not darauf vertraut, dass Gott ihn erhören wird, bittet er am Schluss seines Gebetes: »Herr, verlass mich nicht, bleib mir nicht fern, mein Gott! Eile mir zu Hilfe, Herr, du mein Heil!« (Ps 38,21).

Auf die Krankheit reagieren

Viktor Frankl, der jüdische Therapeut, Begründer der Logotherapie, sagte einmal: »Das Schicksal kann uns alles rauben, die Gesundheit, liebe Menschen, sogar das Leben. Aber eines kann es uns nicht nehmen: die Freiheit, darauf zu reagieren.« Die Krankheit können wir oft nicht verhindern. Aber es liegt in unserer freien Entscheidung, wie wir auf die Krankheit reagieren, ob wir sie in einen Vorwurf verwandeln oder in Hingabe. Natürlich ist es nicht so einfach, die Krankheit in Hingabe zu verwandeln. Aber wenn ich das als Ziel habe, kann es mir helfen, mit meiner Krankheit umzugehen. Ich erlebe kranke Menschen, die das Gefühl der Nutzlosigkeit haben. »Keiner braucht mich. Ich kann nichts mehr leisten. Im Gegenteil, ich falle anderen zur Last.« Da gibt es dem Kranken auch eine Würde, wenn er weiß: Ich kann noch etwas tun zum Segen für die Menschen. Ich kann vielleicht nicht mehr viel nach außen leisten. Aber meine Krankheit ist meine Aufgabe. Wenn ich sie in Hingabe verwandle, dann werde ich zum Segen für andere Menschen, dann geht von mir eine liebende und heilende Ausstrahlung auf die Menschen aus, denen ich begegne und die mich besuchen.

Krankensegen

Der Segen Gottes möge dich davor bewahren, dass dich die Krankheit zerbricht. Sie möge dich vielmehr aufbrechen für dein wahres Selbst, für die Möglichkeiten, die Gott dir in deinem Leben zutraut.

Gebet im Leid

Allmächtiger und barmherziger Gott, ich verstehe einfach nicht, warum du mir dieses Leid zugemutet hast.

Ich habe doch immer versucht, deine Gebote zu befolgen, zu beten und aus dem Geist Jesu Christi zu leben. Warum hast du dieses Leid nicht von mir abgewendet?

Du bist doch allmächtig. Also kannst du meine Krankheit heilen. Und du hättest meinen Freund nicht sterben lassen müssen.

Wenn du barmherzig bist, warum hast du mich dann nicht vor all diesen unermesslichen Schmerzen bewahrt?

Ich spüre in mir die Versuchung, mich dir gegenüber zu verschließen. Es hat ja doch alles keinen Zweck. Es hilft nicht, wenn ich zu dir bete. Es geschieht ja doch, wie es offensichtlich geschehen muss.

Aber ich will trotzdem nicht von dir lassen. Meine Geschichte mit dir ist mir zu wichtig, als dass ich einfach die Flinte ins Korn werfe und von dir ablasse. Ich halte es mit den frommen Juden, die dich anklagen, aber sich vom Leid nicht abbringen lassen, zu dir zu schreien.

Höre mich, dass mein Schmerz sich lindert

Ich schreie zu dir in meinem Schmerz. Höre mich, dass mein Schmerz sich lindert. Zeige dich mir, damit ich mich nicht alleingelassen fühle in meinem Leid.

Sende mir deinen Heiligen Geist, dass ich mich selbst nicht aufgebe, sondern meinen Weg weitergehe, in dem Vertrauen, dass mir irgendwann einmal der Sinn von allem aufgehen wird. Verbirg dein Gesicht nicht vor mir!

Zeige dich mir als gnädiger und barmherziger Gott. Verwandle du mein Leid, damit ich durch die Tränen hindurch dich wieder erkenne als den, der mich in keinem Augenblick meines Lebens verlassen hat und alle Wege mit mir geht.

Gebet in Krankheit

Heiliger Gott,

du bist der wahre Arzt meiner Seele und meines Leibes.

Ich komme zu dir mit meiner Krankheit. Ich hatte gedacht, ich wäre im Einklang mit meinem Körper. Doch jetzt hat mich diese Krankheit erfasst. Ich bin enttäuscht über mich selbst. Und ich bin wütend, dass die Krankheit mir einen Strich durch meine Rechnungen macht. Ich muss so viele Termine absagen. Manches, was ich mir vorgenommen habe, werde ich nie mehr erfüllen können.

Warum hat mich diese Krankheit getroffen? Was habe ich falsch gemacht? Was habe ich bei mir übersehen? Was will mir die Krankheit sagen?

Lass deinen heilenden Geist in meine Wunden strömen

Barmherziger Gott,

ich verzichte darauf, die Ursachen meiner Krankheit zu erforschen. Ich weiß nicht, warum sie mich getroffen hat.

Aber ich bitte dich, mir in meiner Krankheit beizustehen.

Heile du meine Wunden. Lass deinen heilenden Geist, deine heilende Liebe in meine Wunden strömen, damit sie sich schließen.

Stärke mich in meiner Krankheit, dass ich sie tragen kann, dass ich von ihr aufgebrochen werde für mein wahres Selbst.

Ich lasse in meiner Krankheit nicht von dir los. Ich spüre Rebellion gegen dich. Aber ich halte trotzdem an dir fest. Ich möchte wissen, wer du bist.

Du zeigst dich in meiner Krankheit anders als bisher. Aber ich vertraue darauf, dass du mich nicht verlässt und dass du mir neu aufgehst in meiner Krankheit als der unbegreifliche und doch in seiner Unbegreiflichkeit als der mich liebende und mir gnädige Gott.

Zeiten, in denen die Kräfte nachlassen

Zuflucht bei Gott

Psalm 71 ist das Gebet eines alten Menschen. Er schaut zurück und lobt Gott für all das, was er ihm in seinem Leben geschenkt hat. Aber dann schaut er auch auf seine jetzige Situation. Als er noch Kraft hatte, konnte er sich selbst wehren gegen Menschen, die ihm feindlich gesinnt waren, oder auch gegen seine eigenen Schwächen. Doch jetzt schwinden seine Kräfte. Jetzt ist er angewiesen auf Gottes Hilfe. Er hört die anderen reden: »Der hat ja keine Kraft mehr. Mit dem geht es bergab. Es gibt für ihn keine Rettung.« Angesichts solch negativer Reden über ihn nimmt er Zuflucht bei Gott. Wenn er ihm zu Hilfe eilt, dann kann er auch sein Alter bestehen. Und so bittet er Gott, dass er ihn auch jetzt nicht verlassen möge. Wenn er ihm beisteht, dann wird sein Alter auch zum Lobpreis Gottes. Bis zuletzt kann er dann vor den Menschen verkünden: Es lohnt sich, seine Hoffnung auf Gott zu setzen. Er schützt uns auch im Alter. Er ist auch im Alter unsere Zuflucht, unser Trost und unsere Hilfe.

So ist dieser Psalm gerade für alte Menschen ein Trostpsalm. Der alte Mensch kann in diesen Worten seine Angst vor dem Älterwerden und nicht mehr Gebrauchtwerden ausdrücken. Aber mitten im Beten verwandelt sich dann seine Angst. Er spürt, dass er im Alter noch eine wichtige Aufgabe hat: Wenn er sein Leben bis zuletzt im Vertrauen auf Gottes Hilfe lebt, dann hat er den Menschen eine wichtige Botschaft zu verkünden. Gott hat Großes an ihm getan, es lohnt sich, an Gott festzuhalten bis zuletzt. Dann werden wir auch im Alter ein Segen für die Menschen um uns herum. Wir können ihnen verkünden, was Gott Großes an uns getan hat.

Das Loslassen einüben

Unser ganzes Leben ist ein ständiges Loslassen. Wir können schon nicht an unserer Kindheit oder an unserer Jugend festhalten. Um zu wachsen und neu zu werden, müssen wir beständig Altes loslassen. Im Alter wird dieses Loslassen immer deutlicher und oft genug auch schmerzlicher. Wir müssen unseren Beruf loslassen und können uns nicht mehr nur von ihm her definieren. Es bleibt uns letztlich auch nichts anderes übrig, als unsere Kraft loszulassen: Wir können nicht mehr so viel und so schnell gehen, arbeiten, wirken. Menschen, mit denen wir gelebt haben und von denen wir uns angenommen fühlten, gehen von uns. Das Loslassen wird im Alter nur dann gelingen, wenn wir es schon in der Jugend und als Erwachsene eingeübt haben.

Die Kraft der Schwachen

Es ist wichtig, dass alte Menschen auch in ihrer Krankheit noch einen Sinn sehen. Sie können durch ihr Gebet ein Segen für die Gemeinschaft werden. Gerade wenn kranke Menschen den Eindruck haben, sie würden nur den anderen zur Last fallen, wird das Gebet für sie zur Erfahrung, dass sie für die Gemeinschaft wichtig sind, für die Familie, für die Kinder und Enkelkinder.

Vom Gebet alter Menschen lebt eine Gemeinschaft. Das war schon in der frühen Kirche so. Die Witwen hatten die Aufgabe, stellvertretend für die Gemeinde zu beten, Fürbitte zu halten und Gott zu loben. Die Kirche wusste, dass von diesem Gebet der Witwen Segen für die ganze Gemeinde ausging.

Geduld mit sich selbst

Geduld muss der alte Mensch vor allem mit sich selbst haben. Wenn ihm manches nicht mehr auf Anhieb gelingt, braucht er Geduld. Der alte Mensch ist nicht von alleine geduldig – es gibt genügend alte Menschen, die sich durch besondere Ungeduld auszeichnen. Sie meinen, sie müssten beim Arzt oder im Supermarkt sofort an die Reihe kommen. Sie können nicht mehr warten.

Mir hat ein alter Mitbruder gesagt, den ich immer wegen seiner Liebenswürdigkeit und Lebendigkeit geschätzt habe, dass er im Alter empfindlicher und ungeduldiger werde. Da muss die Tugend der Geduld bewusst erarbeitet werden. Ein alter Mensch muss sich von der Illusion verabschieden, dass er alles genauso schnell wie früher erledigen kann. Er muss von der alten Sicherheit und Festigkeit Abschied nehmen. Manches dauert länger. Manches ist schwächer geworden. Der alte Mensch muss lernen, sich selbst zu ertragen. Die Geduld braucht zugleich den Humor. Alte Menschen, die ihre Schwächen wahrnehmen und darüber lachen können, erleichtern es auch ihrer Umgebung, besser mit ihnen umzugehen.

Im Bewusstsein der Endlichkeit

Wir sollen uns bewusst machen, dass unser Dasein endlich ist, dass der Staub zur Erde zurückfällt und der Atem zu Gott zurückkehrt (vgl. Koh 12,7). Wir sollen also an das Vergängliche denken. Alles Irdische, der Leib, der Erfolg, der Reichtum, der Ruhm – all das wird wie Staub zerfallen. Was bleibt, ist der Atem, der zu Gott zurückkehrt.

Im Atem ist die Lebendigkeit, die Seele, das innerste Wesen des Menschen gemeint. Der Atem wird nicht zerfallen, sondern zu Gott zurückkehren. Meine Seele wird zu Gott heimfinden. Und daher geht es im Alter darum, nach innen zu schauen, mit seiner Seele in Berührung zu sein, damit wir Gott eine Seele zurückgeben können, die wirklich gelebt hat, die offen war für Gott und offen für die Menschen.

Zeiten des Zweifels

Segen für Zweifler

Du zweifelst am Sinn deines Lebens. Du zweifelst an dir selbst, ob du dein Leben schaffst, ob du deinen Lebenstraum erfüllen kannst. Du zweifelst an deinen Fähigkeiten. Und du zweifelst an der Liebe der Menschen, mit denen du dich nahe verbunden fühlst. Und oft genug zweifelst du auch an Gott. Du hast so oft zu Gott gebetet, aber Gott hat dir deine Wünsche nicht erfüllt.

Gottes Segen möge deine Zweifel an Gott verwandeln in einen tieferen Glauben. Die Zweifel wollen dich nicht von Gott trennen, sondern nur die Bilder zerstören, die du dir von Gott gemacht hast.

Gebet um Vertrauen

Barmherziger Gott, ich sehne mich danach, vertrauensvoll durch das Leben zu gehen. Aber ich spüre oft Misstrauen und Angst.

Ich möchte dir vertrauen. Und doch habe ich manchmal Zweifel, ob ich dir trauen kann. Ich frage mich dann, ob ich mir damit etwas vormache.

Verwandle du meine Zweifel in ein Vertrauen, das deinen Worten traut, das deiner heilenden und liebenden Gegenwart traut.

Schenke mir dieses Vertrauen auch, wenn ich vor schwierigen Situationen stehe und nicht weiß, wie es weitergehen soll. Lass mich vertrauen, dass du mich in deinen guten Händen trägst, dass du deine schützende Hand über mich hältst und dass du mir den rechten Weg zeigst, auf dem ich weitergehen soll.

Schenke mir auch Vertrauen in mich selbst. Ich zweifle oft an mir, habe Angst, was die anderen von mir denken könnten, ob ich mich vor ihnen blamiere. Ich möchte gerne ein so starkes Selbstvertrauen haben, dass es mir nichts mehr ausmacht, was die anderen über mich reden. Aber ich möchte mich auch nicht über die anderen stellen. Ich möchte einfach voller Vertrauen der sein dürfen, der ich bin, frei von dem Druck, mich vor anderen beweisen zu müssen. Und ich möchte nicht ständig um mich kreisen, sondern mich einfach dem Leben zuwenden und den Menschen, die du mir zur Seite gestellt hast.

Schenke mir auch Vertrauen zu den Menschen – auch zu denen, die mein Vertrauen missbraucht haben. Lass mich trotz allem an den guten Kern in ihnen glauben.

Gib mir ein Vertrauen, das den aufrichtet, der nicht vertrauen kann, das einen Raum um ihn schafft, in dem er sich angenommen weiß und in dem das aufblüht, was in ihm steckt.

Du selbst hast Vertrauen in mich und in die Menschen, mit denen ich lebe. Ich möchte von dir lernen, eine Atmosphäre des Vertrauens zu verbreiten, in der Menschen sich füreinander öffnen und in der sie sich dir anvertrauen und sich von dir getragen wissen.

Gebet im Zweifeln

Barmherziger und guter Gott, mir kommen so oft Zweifel, ob ich überhaupt richtig lebe. Und ich zweifle in letzter Zeit oft, ob du überhaupt existierst oder ob du nur eine Projektion unserer infantilen Wünsche bist.

Ich kann die Zweifel nicht beiseiteschieben. Wenn ich sie lösen will, tauchen sie immer wieder hartnäckig auf.

Gib mir deinen Geist der Klarheit, damit die Zweifel mir nicht meinen Glauben nehmen, sondern mir helfen, ihn zu klären und das Eigentliche meines Glaubens zu entdecken.

Löse die Zweifel auf, damit Vertrauen in mir wächst und ich dieses Vertrauen auch weitergeben kann an die, die noch mehr zweifeln als ich.

Alles auf eine Karte setzen

Manchmal kommen Menschen zu mir und sind verzweifelt. Sie haben ihr ganzes Leben auf dem Glauben aufgebaut. Doch jetzt droht er ihnen zu entschwinden. Ich versuche dann, ihnen klarzumachen, dass das keine Schuld bedeute und dass das ganz normal sei: Die augenblicklichen Zweifel sind eine Herausforderung, für den Glauben ein tieferes Fundament zu graben. Und ich lade sie ein, ihre Zweifel zu Ende zu denken. Es kann ja theoretisch sein, dass alles, was wir von Gott denken, nur Einbildung ist, oder dass unsere Vorstellung vom ewigen Leben nur Einbildung ist. Aber wenn wir das zu Ende denken, dann wird alles absurd.

Mir persönlich geht es dann so, dass bei diesem Weiterdenken tief in meinem Herzen ein Impuls aufsteigt und ich mir ganz entschieden sage: »Ich setze auf diese Karte. Ich traue der Bibel, ich traue der Liturgie, ich traue dem heiligen Augustinus, der heiligen Teresa von Ávila.« Bei allem Zweifel entscheide ich mich für den Glauben und für das Leben. Dieser Glauben wird bis zum Tod ein angefochtener Glauben bleiben, aber dennoch ein Glauben, der mich trägt, und ein Glauben, der mich auch die Menschen verstehen lässt, die sich schwer mit ihm tun.

Zeiten der Todesnähe

Sterben als Kunst des Lebens

Es ist ein Paradox: Der Tod widerfährt uns genauso gewaltsam, wie er Jesus widerfahren ist. Die Kunst des Lebens besteht offensichtlich darin, den Tod als Widerfahrnis in eine Tat des eigenen Willens zu verwandeln, und zwar nicht in eine heroische Tat, sondern in eine Tat der Liebe, in die Hingabe an Gott und an die Menschen. Im Tod drücken wir nochmals aus, was uns das ganze Leben über bewegt hat. Etwas Schöneres können wir nicht von unserem Sterben sagen, als es Johannes vom Tod Jesu zum Ausdruck bringt: »Da er die Seinen, die in der Welt waren, liebte, erwies er ihnen seine Liebe bis zur Vollendung« (Joh 13,1).

Der Tod ist die Vollendung unserer Liebe: Er ist ein Akt der Hingabe, der nicht mehr durch irgendwelche Nebenabsichten getrübt und verdunkelt wird.

Fruchtbringendes Sterben

Der Tod ist nicht einfach nur das Ende, das uns droht. Er wird für uns ein neuer Anfang sein. Uns erwartet das ewige Leben. Doch zunächst geht es darum, dass wir unseren Tod in Gemeinschaft mit den Menschen, die uns vertraut sind, sterben und dass wir ihn für sie auf uns nehmen. Das ist die Botschaft der Evangelien über den Tod Jesu. Er ist ihn für uns gestorben. Wenn wir unseren Tod als Hingabe für unsere Lieben verstehen, dann können wir im Tod für die anderen zum Segen werden. Wenn wir unser Sterben annehmen und es im Glauben bestehen, kann es Frucht bringen für andere.

Abschließen, Aufarbeiten, Reifung, Ganzwerdung

Manche Sterbende sprechen davon, dass ihr Kleid schmutzig ist oder dass sie ihre Wohnung putzen müssen, weil sie voller Schmutz ist. Altes, Unsauberes, Unerledigtes meldet sich zu Wort und muss bereinigt werden. Viele erleben das Sterben als Reinigungsprozess. Das, was die Kirche als purgatorium – Ort der Reinigung – nach dem Tod angesiedelt hat, geschieht oft schon im Sterben. Sterbende haben den Eindruck, dass sie noch viel arbeiten müssen. Das, was sie bisher in ihrem Leben verdrängt haben, meldet sich zu Wort. Es will angeschaut werden. Oft kommen gerade Erlebnisse aus der Kindheit und Jugend hoch, vor allem auch Situationen, in denen man sich schuldig fühlte. All das will angeschaut und Gott hingehalten werden. Dabei braucht es Menschen, die zuhören und das, was die Sterbenden erzählen, ernst nehmen, die bereit sind, in ihrer Symbolsprache mit ihnen zu sprechen. Das Sterben wird als Aufgabe erlebt, all das Unerledigte noch aufzuarbeiten und manchmal auch Fehlverhalten abzuarbeiten. Das sind archetypische Bilder, die der Begleiter ernst nehmen muss, anstatt sie zu übergehen.

Zwischen Gut und Böse

Der Sterbende erlebt intensiver als wir Lebende, dass es in dieser Welt um die Entscheidung zwischen Gut und Böse geht, dass es in dieser Welt die Tendenz zum Guten und zum Bösen, zum Aufbauen und zum Zerstören gibt, dass es die Sehnsucht nach Gott gibt, aber auch die Faszination des Bösen. So erlebt der Sterbende sein Dasein als Entscheidung. Bei dieser Entscheidung sollen wir ihn unterstützen, indem wir auf das eingehen, was der Sterbende uns an Worten, Bildern und Signalen anbietet, und indem wir für ihn und mit ihm gemeinsam beten.

Im Schoß der Mutter

Ein wichtiges Bild, das dem Menschen helfen sollte, sich ohne Angst in Gottes Hände fallen zu lassen, war das Bild der Pietà. Maria, die Mutter Gottes, hält ihren toten Sohn auf ihrem Schoß. Dieses Bild war gerade in Pestzeiten, in denen der Tod ständig vor der Tür lauerte, für viele ein Hoffnungsbild. Ein Mensch, der trotz allen Glaubens immer auch Angst hat vor dem Unbekannten des Sterbens, soll durch die Meditation der Pietà im Glauben wachsen, dass wir im Tod in mütterliche Arme hineinsterben werden. Der Tod ist nichts Schreckliches: Er ist eine Neugeburt.

Niemand stirbt allein

Ein anderes hilfreiches Bild ist, dass der Sterbende von seinem Engel über die Schwelle des Todes getragen und in die liebenden Arme Gottes hineingelegt wird. Dieses Bild ist nicht nur für den Sterbenden hilfreich, sondern auch für die Begleiter. Denn oft fühlen sie sich schuldig, wenn der Begleitete gerade dann stirbt, wenn sie nicht da sind.

Niemand stirbt allein. Der Engel ist immer bei ihm. Und manchmal suchen sich die Menschen gerade den Augenblick, in dem niemand da ist. Das gilt vor allem dann, wenn sie das Gefühl haben, die Angehörigen oder Begleiter können sie nicht loslassen. Dann brauchen sie das Alleinsein, um gehen zu können. Sie spüren, dass dann der Engel da ist, der sie begleitet, und nicht mehr nur die Angehörigen.

Manche erleben den Engel, der sie begleitet, in Lichtphänomenen. Manche haben den Eindruck, dass die verstorbene Mutter, der verstorbene Vater oder die verstorbene Tochter als Engel kommt, um sie abzuholen und sie über die Schwelle des Todes ins Licht zu begleiten.

Mit Leib und Seele in den Himmel aufgenommen

Manche stellen sich den Himmel so vor, als ob wir ganz und gar in Gott aufgehen, uns so gleichsam selbst auflösen würden. Es gäbe dann kein Ego, aber auch keine Person mehr.

Als Christen haben wir eine andere Vorstellung vom Himmel. Die Person drückt sich im Leib aus. Jeder Mensch ist einmal und einzigartig. Er wird im Tod nicht einfach aufgelöst. Er bleibt in seinem Personsein – allerdings verwandelt und mit allem versöhnt. Er wird all die Merkmale seiner einmaligen Identität haben, jetzt aber klarer als zuvor. Er wird das einmalige Bild, das Gott sich von ihm gemacht hat, in seiner Ursprünglichkeit und Reinheit darstellen.

Segen für Trauernde

Der gute und barmherzige Gott segne dich in deiner Traurigkeit. Er gebe dir Halt mitten in deiner Haltlosigkeit, er komme mit seiner Liebe und seiner Zärtlichkeit in deine Einsamkeit, in die dich die Trauer hineingeführt hat. Gott möge dir Menschen schicken, die dich in deiner Trauer begleiten, die deine Tränen aushalten, die zu dir stehen, auch wenn du selbst nicht zu dir und deiner Schwachheit stehen kannst.

Gott möge dich segnen in deiner Traurigkeit, damit deine Trauer sich in Freude verwandelt, dass du auf dem Grund deiner Traurigkeit inneren Frieden findest. Auf dem Grund deiner Seele ist ein Raum jenseits aller Traurigkeit. Da ahnst du einen tiefen inneren Frieden. Möge Gott dich mit diesem Frieden segnen.

Über den Tod hinaus

Als Jesus von den Toten aufersteht, begegnet er zuerst Maria von Magdala, die wie keine andere Frau Jesus geliebt hat. Und sie darf erfahren, dass ihre Liebe den Tod überdauert, aber durch den Tod und die Auferstehung auch verwandelt wird. Der Evangelist Johannes deutet den Tod Jesu selbst als Vollendung seiner Liebe: »Da er die Seinen, die in der Welt waren, liebte, erwies er ihnen seine Liebe bis zur Vollendung« (Joh 13,1).

Wer den anderen liebt, liebt ihn bis in den Tod hinein und über den Tod hinaus. Denn – so ist die Überzeugung der Liebenden – der Tod kann uns zwar das Leben nehmen, aber nicht die Liebe. Die Liebenden werden sich nach dem Tod in Gott wiedersehen und für immer eins sein: miteinander und mit Gott.

Trauer ist etwas Aktives

Trauern heißt nicht, dass wir in unserem Schmerz über den Verlust geliebter Menschen stecken bleiben. Trauern ist vielmehr etwas Aktives. In der Trauer nehme ich Abschied von Menschen, die mir nahestanden, die ich geliebt habe. In der Trauerarbeit kläre ich meine Beziehung zum Toten. Und ich suche nach einer neuen Beziehung zu ihm. Diese Suche nach einer neuen Beziehung geht über das Erzählen. Wir erzählen einander, was uns der Tote bedeutet hat, was er in seinem Leben dargestellt hat, welche Erfahrungen wir mit ihm geteilt haben. Das Ziel der Trauerarbeit ist, einen neuen Bezug zu sich selbst und zur Welt zu finden.

Wohnung im Haus des Vaters

»Im Haus meines Vaters gibt es viele Wohnungen. Wenn es nicht so wäre, hätte ich euch dann gesagt: Ich gehe, um einen Platz für euch vorzubereiten? Wenn ich gegangen bin und einen Platz für euch vorbereitet habe, komme ich wieder und werde euch zu mir holen, damit auch ihr dort seid, wo ich bin« (Joh 14,2–3).

Die Deutung, die Jesus seinem Sterben gibt, gilt in gewisser Weise auch für den Tod der Menschen, die uns in Freundschaft und Liebe verbunden sind. Wenn sie sterben, nehmen sie gleichsam einen Teil von uns schon in die ewige Wohnung mit. Alles, was wir mit ihnen geteilt haben, Freude und Leid, Liebe und Schmerz, all die Gespräche, die wir geführt haben, die Nähe, die wir gespürt haben, all das nehmen sie in ihrem Tod mit in die Wohnung, die sie für uns bereiten.

Man kann sich dies in einem Bild vorstellen: Ich wandere über eine Wiese und komme an einen Bach. Damit ich besser über ihn springen kann, werfe ich schon mal meinen Rucksack auf die andere Seite. So wird mir der Sprung besser gelingen.

Die Verstorbenen, mit denen ich mein Leben geteilt habe, haben gleichsam schon meinen Rucksack mit über die Schwelle des Todes genommen. So darf ich darauf vertrauen, dass mir im Tod der Sprung über den Bach besser gelingen wird. Und ich werde dort ankommen, wo ich meinen Rucksack – das, was für meinen Lebensweg wichtig ist – schon antreffe. Die Verstorbenen schmücken die ewige Wohnung gleichsam aus mit dem, was sie von mir schon über die Schwelle mitgenommen haben.

Wiedersehen im Himmel

Als Personen sind wir aufeinander bezogen. So dürfen wir die Sehnsucht, dass wir uns im Himmel wiedersehen, nicht als bloße Wunschvorstellung abtun. Sie wird erfüllt werden.

Wir können uns dieses Wiedersehen natürlich letztlich nicht vorstellen, weil wir sofort Bilder der Zeit und des Raumes vor Augen haben. Aber in Gottes Liebe ist dieses Wiedersehen und die Begegnung mit denen, die wir geliebt haben, etwas, was unsere tiefste Sehnsucht nach Einswerden erfüllt.

Die Begegnung mit den Menschen, die wir gekannt haben, ist nicht einfach die Fortsetzung von dem, was wir hier auf Erden erlebt haben. Darauf macht Jesus die Sadduzäer aufmerksam, die von sieben Brüdern erzählen, die nacheinander gestorben sind und daher alle die Frau des ersten Bruders geheiratet haben. Die Frage der Sadduzäer angesichts dieser Situation lautet: »Wessen Frau wird sie nun bei der Auferstehung sein? Alle sieben haben sie doch zur Frau gehabt« (Lk 20,31). Doch der Himmel wiederholt nicht einfach die Beziehungen, die wir hier gehabt haben. Er öffnet uns für die Menschen, die wir geliebt haben, aber auch für die, die uns verletzt haben. Es wird eine andere Form von Gemeinschaft sein. Jesus antwortet daher auf die Frage der Sadduzäer: »Nur in dieser Welt heiraten die Menschen. Die aber, die Gott für würdig hält, an jener Welt und an der Auferstehung der Toten teilzuhaben, werden dann nicht mehr heiraten. Sie können auch nicht mehr sterben, weil sie den Engeln gleich und durch die Auferstehung zu Söhnen Gottes geworden sind« (Lk 20,34–36).

Im Himmel setzen wir nicht einfach die Ehe fort, die wir hier gelebt haben. Und wir gehen auch nicht auf Brautschau, wenn wir vorher ehelos waren. Vielmehr wird es im Himmel eine andere Beziehung untereinander geben: eine Beziehung der Offenheit und Liebe. Die Liebe, die wir hier in der Ehe erfahren haben, wird erfüllt und zugleich auf die Menschen um uns herum geöffnet.

Worte zu den Festzeiten des Jahres

Ostern

Gebet am Palmsonntag

Barmherziger Gott, am heutigen Tag ist dein Sohn Jesus Christus in die Heilige Stadt eingezogen. Die Leute haben ihm zugejubelt. Er ist als Friedenskönig eingezogen.

Und doch beginnt mit dem heutigen Tag seine Passion. In dieser Stadt, in die er umjubelt eingezogen ist, musste er ein paar Tage später den Weg des Leidens gehen, der ihn durch die schaulustige Menge ans Kreuz führte.

Wir haben ihm heute mit Palmzweigen zugerufen: »Hosanna dem Sohne Davids!« Aber kurz darauf haben wir die Passionsgeschichte gehört. Jesus hat sich dem Leiden ausgeliefert. Er ist als König durch das Leid hindurchgegangen, das ihm die Menschen angetan haben.

Schenke mir auch heute das Vertrauen, dass mir bei all dem Leiden, das mich immer wieder trifft, meine königliche Würde nicht genommen wird.

Lass mich den Weg des Leidens gemeinsam mit deinem Sohn gehen. Dann wird mich nicht das Leiden beherrschen, sondern ich werde mit Jesus Christus aufrecht hindurchgehen in dem Vertrauen, dass auch mich die Auferstehung erwartet.

Gebet in der Karwoche

Barmherziger und guter Gott, die Karwoche ist für mich die wichtigste Woche des Jahres. Lass mich diese Woche bewusst erleben.

Ich schaue auf die Passion deines Sohnes und sehe darin seine Liebe zu mir. Mit all den Dichtern, die in den Passionsliedern seinen Leidensweg besungen haben, erkenne ich im Leiden Jesu dessen bedingungslose Liebe zu mir. Er hat sein Leben für mich aufs Spiel gesetzt. Er hat sein Leben für mich hingegeben, weil ich für ihn wichtig bin.

Der Blick auf das Leiden deines Sohnes möge auch mir den Mut schenken, auf meinen Weg zu schauen und die Wunden nicht zu verdrängen, die mir das Leben schlägt. Ich will mich nicht an den Wunden weiden, sondern im Blick auf Jesus erkennen, dass du alles zu heilen vermagst, was mich kränkt, dass du alles verwandelst, was für mich zunächst wie eine Last erscheint.

Segne diese Karwoche, dass sie meinen Glauben vertieft und mich deine Liebe und die Liebe deines Sohnes auf neue Weise erleben lässt.

Gebet am Karfreitag

Herr Jesus Christus, wir feiern heute deinen Tod am Kreuz. Wie können wir deinen Tod feiern? Sollen wir ihn nicht lieber betrauern? Doch du selbst lädst uns ein, gemeinsam mit der Kirche dein Kreuz zu feiern und zu verehren. Denn dein Kreuz ist Zeichen der Hoffnung, dass es in uns nichts gibt, was uns vom Leben abhalten kann.

Dein Kreuz zeigt uns, dass du alles Gegensätzliche in uns mit deiner Liebe umfängst, dass deine Liebe in das Starke und Schwache in uns einströmt, in das Gesunde und Kranke, in das Heile und Verletzte.

Dein Kreuz ist Zeichen dafür, dass wir von dir bedingungslos angenommen sind. So feiern wir dein Kreuz als Siegeszeichen. Wir werden heute singen: »Dein Kreuz, o Herr, verehren wir, und deine heilige Auferstehung preisen und rühmen wir: Denn siehe, durch das Holz des Kreuzes kam Freude in alle Welt.«

Dein Kreuz ist Grund der Freude. Wir brauchen vor nichts mehr Angst zu haben. Denn am Kreuz hast du die ganze Welt umarmt.

Und so schauen wir auf das Kreuz im Vertrauen, dass du uns mit all unseren inneren Gegensätzen liebevoll umarmst und dass nichts in uns von deiner siegreichen Liebe ausgeschlossen ist.

Lass uns heute voll Vertrauen dein Kreuz feiern als die Ursache allen Heils und den Grund einer Freude, die uns niemand zu nehmen vermag.

Gebet zu Ostern

Auferstandener Herr Jesus Christus, du hast in deiner Auferstehung den Tod besiegt.

Du bist in das Reich des Todes hinabgestiegen und hast alles Tote in mir an die Hand genommen, um es ans Licht und zum Leben zu führen.

Du hast den Stein weggewälzt, der mich blockiert und am Leben hindert. Du hast die Fesseln gesprengt, die mich einengen. Du bist auferstanden vom Tod und schenkst mir die Gewissheit, dass auch ich mit dir aufstehen kann aus dem Grab meiner Angst, aus dem Grab meiner Dunkelheit und Resignation. Du bist nach deiner Auferstehung zuerst Maria Magdalena erschienen und hast sie mit ihrem Namen angesprochen. Sie hat in der Begegnung mit dir erfahren, dass die Liebe stärker ist als der Tod, dass deine Liebe den Tod außer Kraft setzt.

Lass mich heute glauben, dass mich im Tod dein Wort der Liebe empfangen wird. Und schenke mir das Vertrauen, dass überall dort, wo ein Konflikt uns trennt, ein Wort der Liebe neues Leben zeugt. Lass mich heute teilhaben an deiner Auferstehung und aufrecht und voller Hoffnung auf die Menschen zugehen, weil auch in ihnen deine Liebe stärker ist als der Tod

Den Weg der Auferstehung gehen

Der Auferstehungsweg, den wir in den fünfzig Tagen der Osterzeit gehen, ist ein Weg in immer größere Lebendigkeit, Freiheit und Freude hinein. Es ist ein Weg der Menschwerdung, den wir da feiern. Und indem wir ihn feiern, sollen wir immer mehr in Berührung kommen mit den Möglichkeiten, die Gott uns geschenkt hat. Den Weg der Auferstehung gehen, das heißt, dass wir uns freigehen sollen von allem, was uns am Leben hindert, dass wir ausschreiten, um die Weite und Freiheit des Lebens zu erfahren, dass wir aufstehen aus dem Schlaf unserer Illusionen und uns aufmachen für das wahre Leben.

Der Gekreuzigte verbindet Gegensätze

Durch seinen Tod am Kreuz hat Jesus nicht nur Juden und Heiden, sondern auch das Gegensätzliche in uns miteinander verbunden. Das Fromme und das Gottlose, das Spirituelle und das Weltliche hat er durch seine Liebe, mit der er am Kreuz alle geliebt hat, miteinander verbunden. Es widerstreitet nicht mehr in uns. Vielmehr ist alles in uns von der Liebe Jesu am Kreuz berührt und durchdrungen und so vereinigt worden.

Bewegung

Auferstehung heißt, dass etwas in uns in Bewegung gerät. Der Engel wälzt den Stein von meinem Grab weg, den Stein, der mich blockiert, der mich daran hindert, aus mir herauszugehen.

Auferstehung in uns selbst

Wenn wir Ostern feiern, dann feiern wir das einmalige Geschehen in der Auferstehung Jesu. Im Feiern hoffen wir, dass auch in uns hier und jetzt Auferstehung geschieht.

Wenn Christus in uns aufersteht, kommen wir in Berührung mit unserem wahren Selbst. Christus ist in uns als das eigentliche Selbst. Doch dieses Selbst können wir nicht sehen. Wir können nur die Auswirkungen erkennen. Wenn das Selbst in uns aufersteht, dann wird unser Leben stimmig, dann sind wir wahrhaft frei, im Einklang mit uns selbst und mit Gott, dann sind wir ganz und gar von Gottes Leben erfüllt.

Die Gegenwart des Auferstandenen

Mitten in unserem Alltag ist der Auferstandene schon gegenwärtig. Wir müssen nur die Augen auftun, um ihn dort sehen zu können.

Gerufen wie Maria von Magdala

Stelle dir vor, dass der Auferstandene dich mit deinem Namen ruft und dass in deinem Namen Jesu Liebe zum Ausdruck kommt, mit der er dich bedingungslos liebt. Wie würde dein Leben aussehen, wenn du dich bedingungslos geliebt fühlst?

Aus der Liebe, die Jesus dir in deinem Namen zuspricht, kannst du auch durch den Tod nicht herausfallen. Im

Tod wird sich diese Liebe vollenden. Wenn du dann auf Jesu Liebe wie Maria von Magdala antwortest: »Mein Meister«, dann bist du für immer auferstanden in das ewige Leben.

Den Auferstandenen bekennen

Nachdem Thomas die Wunden des Auferstandenen berührt hat, legt er das klarste Bekenntnis ab, das das ganze Neue Testament von Christus kennt: »Mein Herr und mein Gott« (Joh 20,28). Wenn wir wie er den Auferstandenen als unseren persönlichen Herrn und unseren Gott erkennen und bekennen, dann geschieht für uns Auferstehung, dann kommt unser Glaube ans Ziel.

»Bleib doch bei uns«

Die Emmausjünger spüren, dass dieser Jesus so zu ihnen spricht, dass ihnen ihr Herz zu brennen anfängt, dass es ihnen warm wird ums Herz. Es ist offensichtlich eine Liebe und Milde, ein Verstehen und eine Klarheit in den Worten Jesu, die die Herzen der Wanderer berührt. So drängen sie ihn, als sie zu ihrer Herberge kommen: »Bleib doch bei uns; denn es wird bald Abend, der Tag hat sich schon geneigt« (Lk 24,29).

Dort, wo es in mir Abend wird, wo es dunkel wird in meinem Herzen, dort, wo mein Leben sich dem Ende zuneigt, dort möchte ich nicht alleine sein. Gerade dort brauche ich die Gegenwart des Auferstandenen, der selbst durch die Dunkelheit des Todes geschritten ist und das Licht Gottes auch in meine Finsternis zu tragen vermag.

Lukas erzählt weiter: »Da ging er mit hinein, um bei ihnen zu bleiben« (Lk 24,29). – Das ist für mich eine tröstliche Botschaft. Der Auferstandene geht mit mir hinein in das Haus meines Herzens, um bei mir zu bleiben. Ich werde den Weg nicht alleine weitergehen müssen.

Den Himmel entdecken

Wo Gott ist, dort ist der Himmel. Gott aber wohnt in unserem Herzen. In unserem Herzen tragen wir also den Himmel in uns. Und es ist wichtig, dass wir unsere Augen nicht nur nach oben erheben, sondern auch tief genug in uns hineinschauen, um dort den Himmel zu entdecken, den der Auferstandene in uns bereitet hat.

Die Botschaft der Frauen

Die Kirche täte heute gut daran, der Botschaft der Frauen zu trauen. Frauen haben ein gesundes Gespür für das, was in uns Leben wecken könnte. Die Frauen, die am Grab dem Auferstandenen begegnen, möchten uns ermutigen, der eigenen »anima« zu trauen. Die »anima« steht für die Seele, für die inneren Ahnungen unseres Herzens. In den leisen Impulsen unseres Herzens erfahren wir Auferstehung. Da rührt uns oft genug der Auferstandene an, dass wir den Mut haben, aufzustehen, gerade auf diesen Menschen zuzugehen, das Wort auszusprechen, das uns auf der Zunge liegt, das Problem anzupacken, vor dem wir uns drücken. So höre heute bewusst auf die leisen Stimmen deines Herzens. Sie wissen, dass Auferstehung auch für dich heute Wirklichkeit werden kann. Sie vertrauen darauf, dass das Leben den Tod besiegt und dass die Liebe stärker ist als der Tod.

Der Auferstehungsengel

Alle Evangelien berichten uns, dass den Frauen am Grab ein Engel erschienen ist. Der Engel deutet ihnen das leere Grab, das sie zunächst nicht verstehen. Und der Engel weist sie hin auf den Auferstandenen. Er erklärt ihnen die Worte, die Jesus zu seinen Lebzeiten zu ihnen gesprochen hat. Erst im Licht des leuchtenden Engels verstehen die Frauen die Worte Jesu.

Wenn ein Engel in unser Leben tritt, dann geschieht für uns Auferstehung, dann wird unser Grab geöffnet und der Stein weggewälzt, der uns blockiert. Im Engel wirkt Gott hinein in unsere konkrete Welt. Im Engel wird Gottes Licht mitten in unserer Dunkelheit erfahrbar. Engel, so sagt die Theologie, sind geschaffene Wirklichkeiten. In ihnen wird der unendliche und unbegreifbare Gott für uns erfahrbar. So ein Engel kann eine Lichterfahrung mitten in unserer Dunkelheit sein. Da blitzt es auf einmal in uns auf. Wir sind nicht mehr im Nebel. Plötzlich wird uns alles klar. Wir fühlen uns nicht mehr beschmutzt vom Müll des Alltags, mit dem wir uns ständig abmühen. Auch unser Gewand wird weiß wie Schnee. Unser Inneres wird klar und lauter und rein. Engel, das kann ein Mensch sein, der uns anspricht oder anschaut. In seinem Blick erkennen wir ein Licht, das auch uns erleuchtet. Da strahlt uns etwas entgegen, das uns erhellt und uns mit dem Licht in unserer eigenen Seele in Berührung bringt. Immer wenn wir in den Augen eines Menschen ein Leuchten sehen, geschieht für uns Auferstehung.

Österliche Erzählgemeinschaft

Als die Emmausjünger nach der Begegnung mit Jesus nach Jerusalem zurückkehren, finden sie die Elf und die anderen Jünger versammelt. »Diese sagten: Der Herr ist wirklich auferstanden und ist dem Simon erschienen. Da erzählten auch sie, was sie unterwegs erlebt und wie sie ihn erkannt hatten, als er das Brot brach« (Lk 24,34f).

Die Daheimgebliebenen und die von auswärts Kommenden erzählen einander, was sie erlebt haben. Und ihre Erzählung wird zu einem Bekenntnis: »Der Herr ist wahrhaft auferstanden.«

Heute erzählen manche allzu plakativ von ihren Gotteserfahrungen. Da wird man an geistliche Prostitution erinnert. Die Jünger berichten einander auf andere Weise. Es sind sehr verhaltene Worte. Sie sprechen von Geschehenem. Und das Geschehene ist ganz nüchtern. Aber sie deuten das Geschehen aus dem Glauben heraus, weil sie in dem, was sie erlebt haben, Christus selbst erkannt haben. Sie drängen ihre Erfahrungen einander nicht auf. Aber sie bekennen, dass der Herr wirklich auferstanden ist. Sie stehen zu ihren Erfahrungen. Dadurch können auch die anderen daran teilnehmen. So entsteht wirkliche Gemeinschaft von Glaubenden, von Menschen, die Gott erfahren haben. Wenn Menschen ehrlich und zugleich behutsam und achtsam von dem erzählen, was sie auf ihrem Weg erlebt und wie sie es für sich gedeutet und verstanden haben, steht auf einmal der Auferstandene selbst in ihrer Mitte. Dann wird das Gespräch zur Erfahrung von Auferstehung.

Gebet in der Adventszeit

Guter Gott, in der Adventszeit warten wir auf das Kommen deines Sohnes. Wir erwarten sein Kommen in jedem Augenblick, da er an die Tür unseres Herzens pocht, um es für deine Liebe aufzuschließen. Und wir erwarten sein Kommen am Ende der Welt, da er alles mit seinem Heil erfüllen wird. Wir erwarten den Kommenden und wissen doch, dass er schon bei uns ist. Wir bitten darum, dass Jesus zu uns kommt, damit wir endlich bei uns selbst ankommen. Denn wir sind oft nicht bei uns, haben unsere Gedanken ganz woanders.

Lass diese Adventszeit für uns eine gesegnete Zeit werden – eine Zeit, in der wir ankommen bei uns selbst und in diesem Augenblick. Lass durch das Warten auf deinen Sohn unser Herz weit und offen werden, damit er wirklich in unser Herz eintreten kann.

Bring uns in Berührung mit der Sehnsucht nach dem Heil, das durch deinen Sohn zu uns gekommen ist und in jedem Augenblick zu uns kommen möchte. Verwandle in dieser Zeit des Advents unsere Süchte, die uns immer wieder gefangen halten, in Sehnsucht. Schenke uns die Gewissheit, dass in der Sehnsucht nach dem Kommen deines Sohnes dein Sohn schon angekommen ist in unserem Herzen und unser Herz mit Liebe erfüllt.

Gebet kurz vor Weihnachten

Gütiger Gott, Weihnachten steht vor der Tür. Richte meinen Geist weg von all den Besorgungen, die noch anstehen. Öffne mein Herz für das Geheimnis, das wir in wenigen Tagen feiern werden. Lass dieses Fest nicht einfach an mir vorübergehen, wie ich es leider schon oft erfahren habe.

Du willst an Weihnachten einen neuen Anfang mit mir feiern, da dein Sohn Jesus Christus aus Maria geboren wird. So will ich dir alles Alte und Verbrauchte hinhalten, damit du mich davon befreist.

Ich will dir auch meine Schuld hinhalten: alles, was in diesem Jahr nicht so gut war. Nimm alles von mir, was mich belastet, damit Weihnachten wirklich ein neuer Anfang wird.

Lass mich neu auf die Menschen zugehen, mit denen ich Weihnachten feiere, aber auch auf die, mit denen ich nach Weihnachten wieder zusammenarbeiten werde.

Erfülle alle Menschen, die meinen Alltag teilen, mit dem Geist des neuen Anfangs. Befreie auch sie von allem, was sie belastet, und zeige ihnen in der Geburt deines Sohnes, dass sie nicht festgelegt sind durch die Vergangenheit, sondern dass du täglich mit uns neu anfängst, dass deine Liebe alles in uns neu macht.

Gebet zu Weihnachten

Gütiger Gott, heute feiern wir Weihnachten, das Fest unserer Erlösung, das Fest der Geburt deines Sohnes. Er ist als Kind zu uns gekommen.

Die Bilder von der Krippe, die Bilder Marias, die ihr neugeborenes Kind liebend in den Armen hält oder anbetend vor ihm kniet, berühren mich. Sie zeigen mir deine zärtliche Liebe. Diese Liebe kommt nicht mit Macht. Sie ist wie ein kleines Kind, das ich in die Arme nehme und wiege. Das göttliche Kind – so sagt uns dieses Fest – ist nicht nur in der Krippe im Stall von Betlehem. Es ist auch in unserem Herzen.

Lass mich heute daran glauben und lass es mich auch erfahren, dass das göttliche Kind in mir ist, dass mein Herz von Liebe erfüllt ist, weil du selbst in ihm geboren wirst. Wenn du in mir geboren wirst, erkenne ich meine eigene Würde. Du wagst es, im Stall meines Herzens geboren zu werden, um mich in meiner Alltäglichkeit und Banalität daran zu erinnern, dass in mir ein Geheimnis wohnt, das größer ist als ich selbst.

Dieses Geheimnis deiner Liebe, die in dem Kind in der Krippe sichtbar und spürbar wird, wohnt in mir und unter uns. Es lässt uns daheim sein in uns und miteinander. Wir sind nicht allein in unserem Haus. Du selbst hast unser Haus zu deiner Wohnung erwählt. Lass uns auf neue Weise in unseren Herzen und in unserem Haus wohnen, als Menschen, die gewürdigt worden sind, Ort deiner Gegenwart zu werden.

Mit den Weisen an der Krippe beten

Barmherziger und guter Gott, heute ist deine Herrlichkeit in deinem Sohn Jesus Christus allen Völkern erschienen. Die Weisen aus dem Osten sind gekommen, um das Kind in der Krippe anzubeten und zu bekennen, dass in ihm die Weisheit von Ost und West, von Nord und Süd verkörpert ist.

Die Weisen, die sich auf den Weg gemacht haben, um ihrer Sehnsucht nach dem neugeborenen König zu folgen, erinnern mich an meinen eigenen Weg. Auch ich bin auf dem Weg nach dem, der meine tiefste Sehnsucht erfüllt. Ich sehne mich danach, wie die Magier aus dem Osten anzukommen und anzubeten.

Wenn ich anbetend mich vergessen kann, meine Sorgen und Probleme loslassen kann, dann bin ich wirklich angekommen bei dir, dann wird mein Leben durch dich verwandelt. Dann erkenne ich dich als den, der mein Leben vergoldet, der meine Wunden heilt und meine tiefste Sehnsucht erfüllt.

Schenke mir heute den Mut, auszuziehen aus allem Bekannten und mich auf den Weg zu machen, um den zu suchen, nach dem sich meine Seele sehnt.

Gib mir das Vertrauen, dass auch ich ankommen werde, dass der Stern der Sehnsucht auch mich leitet und mir den Ort zeigt, an dem ich niederfallen kann, weil das Geheimnis, das alle Sehnsucht übersteigt, dort greifbar geworden ist.

Das Unmögliche möglich machen

Gott wählt die Jungfrau Maria, ein unbedeutendes Mädchen aus Nazaret, um das Unmögliche in dieser Welt möglich zu machen. Er wählt auch uns in unserer Schwachheit und Begrenztheit aus, um durch uns sein Werk des Heils und der Heilung in dieser Welt zu vollbringen. Christus möchte auch in uns Gestalt annehmen. Die Voraussetzung dafür ist jedoch, dass wir wie Maria sprechen: »Ich bin die Magd des Herrn; mir geschehe, wie du es gesagt hast« (Lk 1,38).

Gottes Zärtlichkeit

Es gibt wohl keinen Menschen – auch wenn er noch so verhärtet ist –, der sich durch den Anblick eines Kindes nicht verwandeln lassen und dessen verschlossenes Gesicht sich nicht zu einem Lächeln öffnen würde. So erscheint uns in diesem Kind in der Krippe Gottes menschliches Herz. Gottes Zärtlichkeit wird in dem zarten Kind für uns alle offenbar.

Licht in der Finsternis

Jesus ist das wahre Licht, das in diese Welt kommt. An Weihnachten feiern wir, dass in der Geburt Jesu das göttliche Licht unsere menschliche Finsternis erleuchtet. In den dunklen Abgründen unserer Seele will Jesus als Licht aufstrahlen, damit wir selbst den Mut haben, die ganze Wahrheit unserer Seele auszuleuchten.

Gott ist mit uns auf dem Weg

Weihnachten ist die Verheißung, dass unser Leben gelingen wird. Gott wird mit uns alle Wege gehen, bis unsere Wege in das Land einmünden, das er uns verheißen hat. In diesem Land sind wir wahrhaft wir selbst und werden wie Jesus Christus ganz und gar Licht.

Der wahre Mensch

Auch heute wäre das eine wichtige Botschaft, die uns das Weihnachtsfest verkünden möchte: In Jesus sehen wir den wahren Menschen. Wir sollen dieses Bild immer mehr in uns einbilden, sodass wir selbst in dieses Bild verwandelt werden. Dies wäre nicht nur für uns selbst heilsam, sondern auch für unsere Gesellschaft. Dort werden so viele falsche Bilder des Menschen propagiert, dass wir uns nach dem wahren Menschen sehnen: nach der Menschenfreundlichkeit, wie sie uns in Jesus Christus erschienen ist und uns auch heute immer neu erscheinen will.

Was die Welt zusammenhält

Die Welt hat durch Weihnachten eine andere Dimension bekommen. Sie strebt nicht mehr auseinander, sondern sie hat ein Band, das sie zusammenhält: Christus, den Sohn Gottes, der in die Schöpfung gekommen ist, um sie zu heilen und zu bewahren.

Unerschöpfliches Geheimnis

Ein Geheimnis zeichnet sich gerade dadurch aus, dass es unerschöpflich ist. Das Geheimnis von Weihnachten ist unerschöpflich. Auch wenn ich schon oft an Weihnachten gepredigt und darüber in Büchern geschrieben habe, komme ich nie an ein Ende dieses Geheimnisses.

Immer wieder frage ich mich von Neuem: Was heißt es wirklich, dass Gott Mensch geworden ist, dass Gott als Kind in die Geschichte eingetreten ist? Wie kann ich verstehen, dass Gott einer von uns geworden ist, ein menschliches Antlitz angenommen hat und in einem Menschen sichtbar wird?

Ich bin nicht allein

An Weihnachten feiern wir, was wir an jedem Tag des Jahres vertrauend bekennen dürfen: Ich bin nicht allein. Gott ist mit mir. Gott ist in mir. Sein göttliches Leben, seine göttliche Liebe ist in mir und verwandelt mein Leben.

Ein unbeschriebenes Blatt

In Jesus ist Gott nicht nur Mensch geworden. Er ist bewusst auch als Kind geboren worden. Dieses Geheimnis, das wir an Weihnachten feiern, zeigt, dass Gott all die Verheißungen, die im Kind liegen, durch Jesus in uns verwirklichen möchte.

Das Kind ist bei der Geburt noch ein unbeschriebenes Blatt. Es kann vieles aus ihm werden. Was das Kind durch Vater und Mutter erlebt, das wird es prägen. Im Kind stecken Anlagen. Aber sie werden erst entfaltet durch die Begegnung mit den Eltern und Geschwistern und mit den vielen Menschen, denen es im Laufe seines Lebens begegnen wird.

So heißt Weihnachten auch für uns: Wir sind noch ein unbeschriebenes Blatt. Es kann vieles in uns zur Entfaltung kommen, wenn wir unser Leben, so wie wir es empfangen haben, Gott hinhalten. Das göttliche Kind, das uns in Jesus begegnet, bringt uns in Berührung mit dem göttlichen Kind in uns. In ihm liegen alle unsere Möglichkeiten verborgen.

So feiern wir an Weihnachten ein Fest unserer Hoffnung: Gott wird die Möglichkeiten, die er uns mitgegeben hat, in unserem Leben immer mehr zur Entfaltung bringen, durch die Begegnung mit seinem Wort, aber auch mit den Menschen, die uns prägen.

Jahreswechsel

Gebet zum Jahreswechsel

Barmherziger Gott, das alte Jahr geht zu Ende. Es liegt vor mir mit allem, was ich erlebt habe.

Ich danke dir für alles, was du mir in diesem Jahr geschenkt hast. Ich habe Erfahrungen gemacht, die mich bereichert haben. Ich durfte Menschen begegnen, die mich mit ihrer Liebe beschenkt haben. Ich durfte etwas gestalten und formen, was für andere zum Segen wurde. Dafür danke ich dir.

Ich erinnere mich auch an das, was nicht so gut war. Aber ich verzichte darauf, Bilanz zu ziehen und alles, was war, in Soll und Haben zu buchen. Ich halte dir das vergangene Jahr hin. Ich übergebe es dir. Ich verzichte darauf, es zu bewerten. Ich überlasse es dir, damit du das, was war, verwandelst und mir die Frucht des vergangenen Jahres reichst, damit sie mich auch im neuen Jahr nähren wird.

Du erinnerst mich, dass die Zeit vergeht, dass meine Lebenszeit begrenzt ist. Lass mich am Ende dieses Jahres mein eigenes Ende in den Blick nehmen und darum bitten, dass nicht nur dieses Jahr, sondern auch mein Leben einmal gut enden wird.

Gebet zum neuen Jahr

Guter Gott, wir haben ein neues Jahr begonnen. Es ist noch unbefleckt, unverbraucht. Es liegt als etwas Neues vor uns.

Im Neuen ist immer auch die Verheißung, dass alles in uns erneuert wird, dass es besser wird. Die ersten Stunden des neuen Jahres sind schon wieder vergangen. So wird das Neue mit jeder Sekunde ein Stück weit verbraucht. Schenke mir Achtsamkeit, damit ich das Neue, das du mir anbietest, mit einem neuen Herzen aufnehme, damit Neues in mir wachsen kann.

Erneuere mein Herz, erfülle mit deinem neuen Geist meine Beziehungen, meine Freundschaften, meine Partnerschaft, meinen Umgang mit den Mitarbeitern.

Schenke uns eine neue Chance, dass wir neue Wege miteinander gehen, dass Neues in uns wachsen kann. Segne dieses neue Jahr, damit es ein Jahr des Heils wird, dass Verwundetes geheilt, Zerbrochenes verbunden wird und Erstarrtes aufbricht zu neuem Leben.

Zum Weiterlesen

Vielleicht hast du, liebe Leserin, lieber Leser, an der einen oder anderen Stelle das Bedürfnis, »tiefer einzusteigen«. Die folgenden Bücher Anselm Grüns können dabei helfen:

Alles Gute zum Geburtstag. Münsterschwarzach 2014.

Das Hohelied der Liebe. Münsterschwarzach 2008.

Das Sakrament der Firmung. Münsterschwarzach 2008.

Das Sakrament der Taufe. Münsterschwarzach 2008.

Der Weg wächst unter deinen Füßen. Münsterschwarzach 2016.

Die Eucharistiefeier. Verwandlung und Einswerden. 3. Aufl. Münsterschwarzach 2007.

Die hohe Kunst des Älterwerdens. 9. Aufl. Münsterschwarzach 2014.

Die Osterfreude auskosten. Fünfzig Impulse. 9. Aufl. Münsterschwarzach 2015.

Die Trauung. Segen für ein gemeinsames Leben. Münsterschwarzach 2013.

Du bist ein Engel für mich. Münsterschwarzach 2012.

Du bist geliebt. Münsterschwarzach 2014.

Gute Wünsche zum Ruhestand. Münsterschwarzach 2016.

Ich bleibe an deiner Seite. Sterbende begleiten, intensiver Leben. Münsterschwarzach 2010.

Jeder Tag ein Segen. 2. Aufl. Münsterschwarzach 2014.

Kleine Auszeit für dich. 2. Aufl. Münsterschwarzach 2016.

Lebensmitte als geistliche Aufgabe (= Münsterschwarzacher Kleinschriften Band 13). 19. Aufl. Münsterschwarzach 2014.

Schönheit. Eine neue Spiritualität der Lebensfreude. Münsterschwarzach 2014.

Spirituell mit Krankheit umgehen. Münsterschwarzach 2017.

Trau deiner Kraft. Mutig durch Krisen gehen. 3. Aufl. Münsterschwarzach 2013.

Trau dich, neu zu werden. Verwandeln statt verändern. Münsterschwarzach 2016.

Versäume nicht dein Leben! 3. Aufl. Münsterschwarzach 2015.

Verschenke dein Herz. Münsterschwarzach 2012.

Vertrau auf deine Stärke. Münsterschwarzach 2016.

Wage den Neuanfang. Münsterschwarzach 2013.

Was kommt nach dem Tod? Die Kunst zu leben und zu sterben. 2. Aufl. Münsterschwarzach 2009.

Was uns leben lässt. Biblische Weisheit für den Alltag. Münsterschwarzach und Stuttgart 2015.

Was will ich? Mut zur Entscheidung. 5. Aufl. Münsterschwarzach 2015.

Willkommen auf der Erde. Münsterschwarzach 2015.

Zeit der Erfüllung. Ein Begleiter für Advent und Weihnachten. Münsterschwarzach 2012.